Hans Fallada
Drei Jahre kein Mensch

HANS FALLADA

Drei Jahre kein Mensch

Erlebtes. Erfahrenes. Erfundenes

Geschichten aus dem Nachlaß
1929–1944

Aufbau-Verlag

Herausgegeben von Günter Caspar
Mit einer Studie »Marginalien zu Falladas Nachlaß«

ISBN 3-351-03202-1

1. Auflage 1997

Einbandgestaltung Torsten Lemme
Satz Dörlemann Satz, Lemförde
Druck und Binden Clausen & Bosse, Leck
Printed in Germany

Sachlicher Bericht über das Glück, ein Morphinist zu sein

1

Das war in jener schlimmen Berliner Zeit, als ich ganz im Morphium verkam.

Ein paar Wochen war es gut gegangen, ich hatte einen großen Posten Benzin, wie wir das Gift unter uns nannten, erwischen können und war der schlimmsten Sorge des Morphinisten, der Sorge um den Stoff, überhoben gewesen. Dann, je mehr sich der Vorrat dem Ende zu neigte, war mein Konsum stärker und stärker geworden, ich wollte noch einmal gründlich satt werden, und dann – nichts mehr von dieser Sorte. Einmal mußte doch ein anderes Leben begonnen werden, mit Energie war die plötzliche Entwöhnung durchzuführen, es gab solche Heilungen.

Aber als ich an jenem Morgen erwachte, da ich dem Nichts gegenüberstand, wußte ich, ich mußte Morphium bekommen, um jeden Preis. Mein ganzer Körper war von einer peinigenden Unruhe erfüllt, meine Hände zitterten, ein toller Durst quälte mich, ein Durst, der nicht nur in der Mundhöhle, sondern in jeder einzelnen Zelle meines Körpers lokalisiert schien.

Ich nahm den Hörer ab und rief Wolf an. Ich ließ ihm keine Zeit, mit ersterbender Stimme hauchte ich: »Hast du Benzin? Komme sofort! Ich vergehe!«

Und legte mich aufatmend in die Kissen zurück. Eine tiefe feierliche Erlösung, Vorgefühl des kommenden Genusses, machte den gequälten Körper sanft: Wolf würde mit dem Auto kommen, ich würde die Spritze einstechen – ich fühle das Eindringen der Kanüle, und nun ist das ganze Leben schön.

Das Telefon schrillte, Wolf meldete sich und: »Warum

hängst du gleich ab? Ich kann dir kein Benzin bringen, habe selbst nichts mehr. Muß heute auf die Jagd gehen.«

»Eine Spritze, eine einzige Spritze, ich sterbe sonst, Wolf.«

»Wenn ich doch nichts habe.«

»Du hast. Ich weiß bestimmt, du hast.«

»Aber mein Ehrenwort.«

»Ich höre ja an deiner Stimme, daß du eben noch gespritzt hast. Du bist ganz satt.«

»Heute nacht um eins das letzte Mal.«

»Und ich schon seit elf nicht mehr. Wolf, komme rasch.«

»Aber es hat doch keinen Zweck. Komme du lieber mit. Ich weiß eine sichere Apotheke. Nimm ein Auto, wir treffen uns um neun am Alex.«

»Du versetzt mich nicht? Schwöre!«

»Keinen Quatsch, Hans. Um neun am Alex.«

Ich stehe langsam auf, das Anziehen wird mir sehr schwer, meine Glieder sind schwach und zittern ständig, die stille Beruhigung ist verflogen, mein Körper glaubt mir nicht, daß ich ihm Morphium verschaffen werde.

Ich entdecke zufällig aus dem Kalender, daß heute ein Unglückstag ist. Da setze ich mich hin in meinen Sessel und weine erst einmal. Ich leide so sehr, und ich fühle, ich werde heute noch schlimmer leiden müssen, und ich bin so schwach. Wenn ich doch sterben könnte! Aber auch das weiß ich längst, daß ich zu feige bin zum Sterben, ich werde aushalten müssen, mir bleibt nichts, als so flach und weinend vor dem Schicksal zu liegen und zu beten, es werde mir nichts tun.

Dann kommt meine Wirtin zu mir und sagt etwas, wohl etwas Tröstliches, aber ich unterbreche mein Weinen nicht, ich winke ihr nur mit der Hand zum Gehen. Aber sie spricht weiter, ich höre langsam heraus, daß ich heute nacht schon wieder mit der Zigarette Löcher in mein Bett gebrannt habe. Ich schiebe ihr irgendwelches Geld hin, und da sie still hinausgeht, muß es genug gewesen sein.

Ich aber gehe noch immer nicht, trotzdem die Uhr gleich neun weist, ich betrachte den Kaffee, den ich in die Tasse schenkte, ich denke nach: Koffein ist ein Gift, denke ich, es regt das Herz auf. Es gibt viele Fälle, daß Leute daran gestorben sind, hunderte, tausende von Fällen. Koffein ist ein schweres Gift, sicher beinahe so schwer wie Morphium. Daß ich nie daran gedacht habe! Koffein wird mir helfen.

Und ich stürze ein, zwei Tassen hinunter. Ich sitze einen Augenblick da, starre vor mich hin und warte. Ich will es mir noch leugnen und weiß doch schon, daß ich mich belog, wieder einmal wissentlich belog, daß mein Magen sich weigert, diesen milden Kaffee bei sich zu behalten, und daß ich im vorhinein davon gewußt habe. Ich fühle, wie mein ganzer Körper zittert und sich mit kaltem Schweiß bedeckt, ich muß hoch, ich werde wie von Krämpfen geschüttelt, und dann kommt stoßweise die Galle. »Das ist der Tod«, flüstere ich und starre dumpf vor mich hin.

Nach einer Weile habe ich mich soweit erholt, daß ich stehen und gehen kann, ich bringe meine Toilette zu Ende, gehe auf die Straße und finde ein Auto. Auch Wolf ist nie pünktlich.

2

Wirklich wartet er noch. Ich sehe ihm sofort an, daß auch er Hunger hat, seine Pupillen sind stark erweitert, die Backen eingefallen, und die Nase steht spitz hervor.

Es stellt sich heraus, daß er die Rezepte, die er in den Apotheken braucht, noch nicht gefälscht hat, er fand zu Haus, trotzdem er ebenso trödelte wie ich, keine Ruhe dafür. Aber er hat seinen Handkoffer bei sich und kann nun in der Apotheke als durchreisender Morphiumkranker, der in ein Sanatorium geht, auftreten. Er ist kein heuriger Hase mehr, Berliner Rezepte, bei denen immer telefonische Rückfrage möglich ist, fälscht er nicht.

Wir gehen auf ein Postamt und schreiben ein Dutzend Rezepte aus. Wir begutachten unsere Schrift, und drei Rezepte, die nicht ärztlich-kraklig genug aussehen, werden vernichtet.

Dann einigen wir uns auf das Viertel, in dem wir jagen wollen. Da Wolfs sichere Apotheke im Osten liegt, wollen wir heute im Osten jagen, trotzdem der Westen natürlich vorteilhafter ist. Denn die reichere Bevölkerung dort kann sich natürlich eher ein so kostspieliges Laster wie den Morphinismus leisten als die Arbeiterbevölkerung im Osten, und so sind die Westapotheker an diese Kundschaft schon gewöhnt.

Wir nehmen ein Auto. Ein paar Schritt vor der nächsten Apotheke läßt Wolf den Wagen halten und hinkt krank und elend los. Ich lehne mich zurück. Wolf hat Lösung aufgeschrieben, er wird eine Viertelstunde warten müssen.

In einer Viertelstunde habe ich Benzin! Es ist auch die höchste Zeit, mein Körper wird immer schwächer, mein Magen schmerzt unsinnig, er will und will Morphium haben. Ich lehne mich fest in die Kissen, ich schließe die Augen und male mir aus, wie schön es sein wird, wenn ich die Nadel einsteche. Nur ein paar Minuten, ein paar ganz, ganz kleine Augenblicke, ein reines Nichts an Zeit und tiefe, feierliche Ruhe wird in meine Glieder strömen, plötzlich wird das Leben schön sein, und ich werde träumen können von meinem Schloß und den Frauen. Die schönsten werden mir gehören, ich werde nur zu lächeln brauchen … Denn jeden Wunsch erfüllt mir Morphium, ich brauche nur die Augen zu schließen, und die ganze Welt gehört mir.

Kommt Wolf noch nicht? Wie lange sie brauchen, dies bißchen Stoff anzufertigen! Aber ich will nicht klagen, es ist ein gutes Zeichen, daß er nicht kommt, so fertigen sie doch die Medizin an. Kommt er rasch, so haben sie stets das Rezept zurückgewiesen. Gleich werde ich Morphium haben. Und ich lege die Spritze schon neben mich auf das Wagenpolster, um sofort bereit zu sein.

Nun kommt Wolf. Ich sehe sofort: Er hat nichts bekommen. Er sagt dem Chauffeur die nächste Adresse, setzt sich neben mich und schließt die Augen, ich merke, wie er hastig atmet, er wischt sich mit der Hand den Schweiß aus der Stirn.

»Das sind keine Menschen, Tiere sind das, Äster, die! Einen so leiden zu lassen. Ich habe betteln müssen, daß sie nicht die Polizei riefen.«

»Ich glaubte, diese Apotheke sei sicher?«

»Der alte Provisor war nicht da. So ein junger Kerl, die jungen sind alle scharf wie Rasiermesser.«

»Ich halte es nicht mehr lange aus. Ob man nicht Schluß macht, Wolf, einfach in eine Anstalt geht?«

»Glaubst du, da geben sie dir was? Du kommst einfach in eine Tobzelle und kannst bitten und schreien, soviel du willst. Bobbi hat sich in einer Nacht achtmal am Bettbein aufgehängt, schließlich ließen ihn die Wärter bis ganz dicht vorm letzten Atemzug hängen, damit es ein bißchen länger dauerte, bis er Kraft zum nächsten Aufhängen fände. Aber gegeben haben sie ihm nichts.«

Das Auto hält. Wolf macht wieder einen Versuch. Unterdes beschließe ich, mir das Morphium selbst abzugewöhnen, jetzt, wo ich auf Wolf und die Apotheke angewiesen bin, bekomme ich doch nie meine Tagesdosis von achtzig Spritzen zusammen. Ich werde eben einfach jeden Tag weniger nehmen, das geht schon. Nur jetzt noch nehme ich gleich zwei, drei Spritzen hintereinander, damit ich erst einmal ordentlich satt werde.

Wolf kommt schon wieder, sagt eine neue Adresse, und wir fahren los.

»Nichts?«

»Nichts!«

Es ist zum Verzweifeln. Und da laufen die Menschen umher und haben tausend Pläne und freuen sich auf was, und Blumen gibt es und Mädels und Bücher und Theater. All das ist tot für mich. Ich denke daran, daß Berlin Hunderte von Apotheken hat, und in jeder liegt in einem Schrank viel, viel Morphium, und man gibt es mir nicht.

Ich muß leiden, und doch ist es so einfach, der Apotheker brauchte nur einen Schlüssel zu drehen … Er soll ja Geld haben, soviel er will, ich will ihm gerne all mein Geld geben.

Wolf geht wieder.

Plötzlich bekomme ich die Idee, daß dies ständige Halten in der Nähe von Apotheken dem Chauffeur verdächtig werden wird. Vielleicht benachrichtigt er die Polizei? Ich knüpfe ein Gespräch mit ihm an, ich erzähle ihm eine lange wirre Geschichte, daß wir beide Zahntechniker sind, mein Freund und ich, keine Zahnärzte. Und die Zahntechniker bekommen ja die Betäubungsmittel für schmerzloses Zahnziehen nicht ohne weiteres, sondern sie müssen sich dafür Rezepte vom Zahnarzt holen, und die Rezepte sind teuer. Und deswegen fahren wir in jede Apotheke, um …

Der Chauffeur sagt zu allem ja und nickt mit dem Kopf. Aber er lächelt so verhalten, ich beargwöhne ihn weiter und werde ihn möglichst bald ablohnen, nur nicht gleich, sonst zeigt er uns beim nächsten Polizisten an.

3

Wolf kehrt zurück. »Schicke das Auto fort.«

Mein Herz schlägt schneller. »Hast du was?«

»Schick das Auto fort.«

Ich bezahle den Chauffeur und gebe ihm ein unsinnig hohes Trinkgeld. Dann: »Hast du Stoff?«

»Unsinn! Heute ist solch verfluchter Tag, daß kein Aas meine Rezepte nehmen will. Wir müssen es anders machen. Ich versuche es weiter in den Apotheken, und du gehst zu einem Arzt und versuchst, Rezeptformulare zu stehlen.«

»Das kann ich nicht. Jeder Arzt sieht mir sofort an, daß ich Morphinist bin, bei meinem Zustand heute.«

»Laß ihn doch. Die Hauptsache ist, du klaust Rezepte.«

»Und was machen wir mit den Rezepten? Bei Morphium klingeln sie doch immer den Arzt an.«

»Wir fahren dann mit dem Mittagszug nach Leipzig. Nimm nur ordentlich viel, daß wir für ein paar Wochen genug haben.«

»Schön, ich will es versuchen. Und wo treffen wir uns?«

»Um ein Uhr im Pschorr.«

»Und wenn du unterdes Stoff bekommst?«

»Sehe ich, daß ich dich vorher erwische.«

»Also, dann!«

»Mach's gut.«

Ich gehe los. Ich mache mich nicht zum ersten Mal auf solche Tour. Für solche Sachen bin ich besser zu brauchen als Wolf, weil ich vertrauenswürdiger aussehe und besser angezogen bin als er. Aber ich bin heute in einer gar zu jämmerlichen Verfassung. Ich kann nicht ordentlich gehen; trotzdem ich meine Hände immerzu mit dem Taschentuch abwische, sind sie im nächsten Augenblick wieder triefend naß, und ich muß ununterbrochen gähnen. Ich werde nichts erreichen, ich weiß es schon jetzt.

Als ich an einer Destille vorübergehe, komme ich auf die Idee, mir durch Schnaps zu helfen. Aber schon beim zweiten Glas muß ich verschwinden, der Magen weigert sich wie beim Kaffee, etwas in sich zu behalten. Ich sitze auf der häßlichen Toilette und weine wieder. Als ich mich ein wenig erholt habe, gehe ich los.

Beim ersten Arzt sitzt das ganze Wartezimmer voll. Kassenarzt, schon faul. Die brauchen die Rezeptformulare für Privatpatienten so selten, daß sie sie meistens im Schreibtisch aufbewahren. Ich entschließe mich fortzugehen und drücke mich heimlich hinaus.

Auf der Treppe wird mir so schlecht, daß ich mich auf eine Stufe setzen muß. Ich kann nicht weiter. Ich beschließe, hier liegenzubleiben, bis mich Leute finden, die mich dann sicher zum Arzt bringen. Und der gibt mir aus Mitleid eine Spritze. Dann komme ich immer noch schneller dran, als wenn ich lange im Wartezimmer sitzen müßte.

Jemand kommt die Treppe herauf, ich stehe schnell auf, gehe an ihm vorüber und komme auf die Straße. Ein paar Häuser weiter ist wieder ein Arztschild. Ich gehe hinauf. Die Sprechstunde fängt erst in einer Viertelstunde an, gut, so werde ich warten. Ich sitze allein, ich blättere in den Zeitschriften.

Plötzlich fällt mir etwas ein, ich stehe auf und lausche an der Tür zum Sprechzimmer. Nichts rührt sich. Ich drücke ganz langsam die Klinke herunter, die Tür öffnet sich zu einem Spalt, ich spähe hindurch, ich sehe niemanden. Zoll für Zoll mache ich die Tür weiter auf, ich schleiche Schritt für Schritt in das Sprechzimmer hinein. Dort ist der Schreibtisch und dort in jenem Holzständer … Ich strecke schon die Hand aus, da meine ich ein Geräusch zu hören, ich springe in das Wartezimmer zurück und setze mich in einen Sessel.

Es rührt sich nichts weiter, niemand ist gekommen, ich habe mich getäuscht. Aber nun bin ich zu entmutigt, um dasselbe Wagnis noch einmal auf mich zu nehmen, ich bleibe tatenlos sitzen und kann mich nicht wieder aufraffen. Minuten und Minuten vergehen, ich hätte den ganzen Schreibtisch, ich hätte auch den Medizinschrank ausräumen können, aber ich wage nichts mehr: Heute ist ein Unglückstag.

Nur stillehalten, Hans, und leiden.

4

Der Arzt macht die Tür halb auf und fordert mich auf, zu ihm zu kommen. Ich erhebe mich, trete in das Sprechzimmer ein, mache eine Verbeugung und stelle mich vor. Plötzlich sind Unsicherheit und Krankheit von mir abgefallen, ich bin kein verkommenes schmieriges Etwas dicht vorm Ende mehr, ich bin ein ruhiger Weltmann von knappen, doch verbindlichen Worten.

Ich weiß, daß ich einen vorzüglichen Eindruck mache. Ich lächele, ich brauche einen drastischen Ausdruck mit der Sicherheit eines, der mit Begriffen geistreich zu spielen weiß, ich mache eine kleine Geste und schlage die Beine über, so daß die seidenen Strümpfe sichtbar werden.

Der Arzt sitzt mir gegenüber und läßt mich nicht aus dem Auge.

Dann komme ich zum Thema. Ich bin auf der Durchreise, habe einen Abszeß am Arm, der mich böse quält, würde der Herr Sanitätsrat so freundlich sein, ihn zu untersuchen und festzustellen, ob er schon geschnitten werden kann?

Der Arzt bittet mich, den Arm frei zu machen. Ich zeige ihm die geschwollene blaurote Stelle des Unterarms, unter deren Haut Eiter siedet, sie ist dicht umgeben von den Dutzenden frisch-roter oder abheilender brauner Einstichstellen.

Er fragt mich: »Sie sind Morphinist?«

»War es! War es, Herr Sanitätsrat. Ich bin in der Entwöhnung. Das Schlimmste ist überstanden, Herr Sanitätsrat. Neun Zehntel geheilt.«

»So. Nun, ich werde schneiden.«

Weiter nichts, kein Wort. Meine Sicherheit hat mich verlassen, blaß und zitternd stehe ich da und fürchte mich vor dem Messer, das mir weh tun wird. Der Arzt dreht mir den Rücken zu, sucht aus einem Glasschrank Messer, Pinzette, Tampons –: Ich mache einen lautlosen Schritt auf dem Teppich, meine Finger streifen Papier und –

»Lassen Sie die Rezepte nur liegen, mein Lieber«, sagt der Arzt kalt und kurz.

Ich wanke. Im selben Augenblick steht die Stadt mir vor Augen, die dort unten braust, in der ich allein bin und preisgegeben einer Verzweiflung ohnegleichen. Ich sehe die Straßen vor mir, voll von Menschen, die zu Zielen eilen, zu anderen Menschen, ich allein verlassen und völlig am Ende. Ein Schluchzen würgt in meiner Kehle, bricht meinen Mund auf.

Plötzlich ist mein Gesicht von Tränen überströmt. Ich jammere: »Was soll ich tun? Oh, was soll ich tun? Helfen Sie mir, Herr Sanitätsrat, nur eine Spritze.«

Er ist neben mir, sein Arm ist um meiner Schulter, er führt mich in einen Sessel, er hält mir die Hand auf die Stirn. »Beruhigen Sie sich, oh, beruhigen Sie sich, wir werden alles besprechen. Es gibt immer noch Hilfe.«

Mein Herz wallt auf vor Dankbarkeit, in wenigen Sekunden werde ich erlöst sein von dieser namenlosen Qual, ich werde meine Spritze bekommen. Meine Rede überstürzt sich, nun ist das Leben schon leicht, ich werde mich entwöhnen, dies wird die letzte, die allerletzte Spritze sein, dann nichts mehr. Ich schwöre es. »Kann ich sie gleich haben, jetzt sofort? Aber dreiprozentig, Herr Sanitätsrat, und fünf Kubikzentimeter, sonst schlägt es nicht an bei mir.«

»Ich gebe Ihnen keine Spritze. Sie müssen soweit kommen, daß dies Leben für Sie ganz unerträglich wird, daß Sie sich freiwillig entschließen, in eine Anstalt zu gehen.«

»Aber ich werde mich töten, Herr Sanitätsrat.«

»Sie werden sich nicht töten. Kein Morphinist tötet sich direkt, höchstens aus Versehen durch Überdosierung. Sie werden lieber die unsinnigsten Leiden ertragen, als das Tausendstel Wahrscheinlichkeit aufzugeben, vielleicht doch noch eine Spritze zu bekommen. Nein, Sie töten sich nicht. Aber es wird die höchste Zeit für Sie, in eine Anstalt zu gehen, vielleicht ist es schon zu spät. Sind Sie bemittelt?«

»Ein wenig.«

»Könnten Sie die Behandlung in einer Privatanstalt bezahlen?«

»Ja! Aber man wird mir auch dort kein Morphium geben!«

»Anfänglich genug. Man wird Sie langsam entwöhnen, man wird Ihnen andere Mittel geben, Schlafmittel, Sie werden eines Tages aufatmen und sind frei.«

Das Bettbein, an dem sich der Verzweifelte viele Male

aufhängte, steht mir vor Augen. Der Arzt ist ein Fuchs, er will mich überreden, bin ich einmal in einer Anstalt, gilt nichts vom Versprochenen.

»Nun«, beginnt der Arzt wieder, »wie ist es, entschließen Sie sich! Sollten Sie sich entschließen, jetzt gleich mit mir persönlich in eine Anstalt zu gehen, so würde ich Ihnen vorher noch eine Spritze geben. Nun?«

Ich senke die Lider. Ich bin besiegt. Ja, ich will das Leiden auf mich nehmen, ich will entwöhnt werden. Ich bejahe nickend.

Der Arzt fährt fort: »Verstehen Sie, ich lasse mich nicht täuschen. Ich werde Sie nach der Spritze, während ich mich zurechtmache, im Wartezimmer einschließen. Ich lasse Sie nicht aus den Augen. Sie sind einverstanden?«

Ich nicke wieder. Ich denke nur an die Spritze, die ich gleich, gleich haben werde. Und nun beginnen wir eine Debatte über die Stärke der Dosis, eine Debatte, die eine Viertelstunde währt und in der wir uns beide erhitzen. Schließlich bleibt der Arzt Sieger, ich bekomme zwei Kubikzentimeter einer dreiprozentigen Lösung.

Er geht an einen Schrank, schließt auf, macht die Spritze zurecht. Ich folge ihm, sehe die Etiketten auf den Ampullen nach, um sicher zu sein, nicht getäuscht zu werden. Dann setze ich mich in einen Stuhl und warte. Er sticht ein.

Und nun … Ich stehe rasch auf und gehe in das Wartezimmer hinüber, wo ich mich auf eine Chaiselongue lege. Ich höre ihn die Türen abschließen.

5

Ja …

So …

So ist das wieder. Das Leben ist schön. Es ist so sanft, ein glücklicher Strom wallt durch meine Glieder dahin, in seinem Strömen bewegen sich alle kleinen Nerven zart und sacht wie Wasserpflanzen in einem klaren See. Ich habe Rosenblätter gesehen. – Und wieder weiß ich, wie schön ein einziger kleiner Baum in einem Hinterhof ist. Diese Blätter. Läuten die Glocken einer Kirche? Ja, Leben ist fromm und sanft. Diese unendlich besonnten endlosen Sonntagvormittage, da ich noch arbeitete, noch nicht verkam. Ganz früh aufgestanden und die Sonne in den Gardinen und die Sonne in den Blättern und Glokkenläuten und die ersten Stimmen der Vögel. Und dann tönt ein Pfiff, und über den kleinen Platz, um den die Fiederblätter der Akazien wehen, kommt weißgekleidet mein Mädel. Auch an dich denke ich, mein süßes Mädchen, das mir längst verlorenging, meine einzige Geliebte ist jetzt das Morphium. Sie ist böse, sie quält mich unermeßlich, aber sie belohnt mich auch über jedes Begreifen hinaus.

Wie begrenzt warst du, Frau. Man reichte stets über dich hinaus, immer, glaubte man dich erreicht, war man ganz woanders –: Diese Geliebte ist wahrhaft in mir. Sie füllt mein Hirn mit einem hellen, klaren Lichte, in seinem Schein erkenne ich, daß alles eitel ist und daß ich nur lebe, diese Verzückung zu genießen. Sie wohnt in meinem Körper, und kein klägliches Geschlechtstier mehr bin ich, das sich noch in der Ermattung unbefriedigt und wild nach dem andern sehnt, nun bin ich Mann und Frau zugleich, die mystische Hochzeit wird gefeiert mit dem Einstich der Nadel, die fehlerlose Geliebte, der untadelhafte Liebende, sie feiern ihre Feste unter der Laube meiner Haare.

Ich will lesen nun, ich will das dümmste Zeug vom Wartezimmertisch eines Arztes lesen, und ein neuer blendender Sinn soll sich aus den Albernheiten der Blaustrümpfe gebären, eine Annonce soll den Geruch von Blumen haben, und in einer andern will ich den vollen Geschmack frischen Brotes schmecken, das mein Magen nicht mehr verträgt. Ich will lesen.

Ich öffne ein Buch. Da ist ein Vorsatzblatt, ein weißes, glattes Vorsatzblatt, ich stutze: Auf dieses weiße Blatt hat ein vorsichtiger Arzt mit einem Gummistempel seinen Namen gesetzt, seine Adresse, seine Telefonnummer. Nein, Herr Sanitätsrat, ich stehle Ihnen Ihr Buch nicht, nur dieses Vorsatzblatt reiß ich heraus, ich stecke es in die Tasche. Nun, ist es erst von der Schere beschnitten, ist es jenes lange ersehnte Rezeptblatt, das fünfzig, vielleicht hundert solcher Verzückungen bringen wird. Für heute bin ich in Sicherheit.

Ich bin ganz froh. Ein wenig bewege ich die Hand, lasse sie gleich wieder in die Ruhelage sinken, und das Aufströmen des Giftes in der Hand, das einen Augenblick durch die Bewegung unfühlbar gewesen, verrät mir das besitzende Dasein der Geliebten. Noch verging die Wirkung der Spritze nicht, noch kann ich mich meines Lebens freuen. Und später, später habe ich das Rezept.

Da höre ich das Schreiten des Arztes, gehe ich denn nicht in eine Anstalt? Meine Geliebte lächelt, ich habe nicht daran gedacht, aber schon darum allein, weil sie kam, weiß ich, daß nichts mich halten, niemand mich zwingen kann. Ich bin allein auf der Welt, ich habe keine Verpflichtungen, alles ist eitel, nur der Genuß, der gilt, nur die Geliebte kann ich nicht verraten.

Und ich denke daran, daß ich reich und glücklich bin. Habe ich nicht Geld genug, mir mein Morphium zu kaufen? Brauche ich eine Frau? Habe ich einen Wunsch? Mir fällt ein Buch ein, das ich zu Haus stehen habe, das Buch eines Wiener Dichters, der an einem ähnlichen Gift zugrunde ging wie ich, ich werde darin lesen von seinen Verzweiflungen, und von seinem fanatischen Glauben an sein Gift werde ich lesen und werde lächeln und wissen, daß ich selbst ebenso verzweifelt und ebenso fanatisch gläubig bin.

Der Arzt kommt, schließt die Tür auf. Ich nehme die Beine von der Chaiselongue und setze mich langsam und vorsichtig auf, um das Gift nicht durch eine plötzliche Bewegung in mir zu erschrecken. »Ist es soweit, Herr Sanitätsrat?« frage ich und lächele.

»Ja, wir können nun fahren.«

»Aber erst noch eine Spritze, Herr Sanitätsrat, wir fahren sicher eine Stunde, und so lange halte ich es nicht aus.«

»Sie sind ganz satt, mein Lieber.«

»Aber die Wirkung verfliegt schon. Und ich mache Ihnen sicher Krach, wenn ich allein bin. Mit einer Spritze im Leibe werde ich Ihnen folgen wie ein Lamm.«

»Wenn es wirklich nötig ist …«

Er geht voran in sein Zimmer. Ich folge ihm triumphierend. Oh, er kennt mich nicht. Er weiß nicht, daß er mich mit der Aussicht auf eine Spritze hinlocken könnte, wohin er wollte, daß ich aber mit meiner Geliebten im Leibe stark und zu allem entschlossen bin.

Ich bekomme noch eine Spritze, und dann gehen wir wirklich. Ich steige ganz vorsichtig die Treppe hinunter. Ich fühle das Sickern in meinem Leibe und die holde, verstohlen huschende Wärme. Tausend gute Gedanken sind in mir, denn mein Hirn ist stark und frei, es ist das entschlossenste Hirn dieser Welt.

Siehe, der Arzt öffnet mir den Schlag des Autos. Ich steige vor ihm ein, und indes der Wagen anspringt und er sich setzt und mit Decken hantiert, öffne ich die andere Tür und springe sicher hinaus, denn mein Körper ist jung und geschickt, und tauche in der Menge unter und verschwinde in ihr. Und sehe diesen Arzt niemals wieder.

6

Ich wußte, daß ich nur wenige Schritte gehen durfte, um nicht durch die heftigen Bewegungen meines Körpers den Einfluß des Morphiums aufzuheben. Ich sah nach der Uhr, es war kurz vor zwölf. Am besten war es sicher, schon jetzt ins Pschorr zu fahren, wo ich Wolf treffen wollte. Aber sofort war mir klar, daß dies nicht geschehen durfte. Vielleicht kam auch er früher, merkte mir an, daß ich Stoff bekommen, und dann ade jede Aussicht, von ihm, der so knapp daran war, unterstützt zu werden!

Mußte ich ihn überhaupt treffen? Hatte ich nicht ein Rezeptformular in der Tasche, das mir eine Unzahl herrlicher Spritzen versprach? Gab ich es Wolf zur Erledigung, ließ ich ihn nur von der Existenz dieses Zettels erfahren, so war die Hälfte dieser Genüsse mir verloren. Und auch ich war so knapp daran.

Ich sitze in dem behaglichen Sofa eines Weinlokals, vor mir steht ein Kühler mit Rheinwein, ich habe mir das erste Glas vollgeschenkt, führe es zum Munde und atme in tiefen Zügen den Duft des Weines ein. Dann sehe ich rasch zum Kellner, merke, daß ich unbeobachtet bin, und leere das Glas in den Kühler. Der Alkohol würde mit dem Morphium im Magen kämpfen, es in seiner Wirkung beeinträchtigen, mein einziger Gedanke ist, diese Wirkung bis zum letzten auszukosten. Und immerhin mußte ich etwas bestellen, um hier so genießerisch sitzen zu können.

Habe ich mich denn nicht an dem Duft des Weines erfreut, wie ich mich auch an den weißgekleideten Mädeln erfreue, die ich nicht mehr begehre? Duft und Mädel, ich nehme sie in meine Träume hinein, sie enttäuschen mich nicht, wie sie es im Leben mit Rausch und Ernüchterung tun würden.

Ich gieße mir ein neues Glas ein und bestelle mir Tinte und Feder. Ich ziehe den Zettel aus der Tasche und schneide ihn mit dem Federmesser zum Rezeptformat zurecht. Es gefällt mir nicht recht, es scheint mir zu breit. Ich schneide noch einen Streifen ab, und nun ist es entschieden zu schmal. Ein auffälliges Format, wo doch nichts auffällig sein darf.

Ich beginne, mich zu ärgern, ich nehme das Papier in die Hand und betrachte es, ich lege es vor mich auf den Tisch und betrachte es wieder. »Zu schmal«, murmele ich, »entschieden zu schmal«, und mein Ärger wird stärker. Ich nehme den zuletzt abgeschnittenen Streifen und lege ihn daneben, ich versuche, ihn ganz fest anzudrükken, prüfe von neuem und entdecke, daß das Rezept vorher ganz und gar das rechte Format hatte.

Ich bereue meine Voreiligkeit, warum habe ich nicht gewartet, bis ich bei Wolf war? Was verstehe ich denn von Rezepten? Er ist doch dafür Fachmann! Trotzdem greife ich zur Feder und beginne zu schreiben. Das Weinglas stört mich, ich rücke es fort. Es stört mich noch immer. Nein, ich kann nicht schreiben so. Ich greife hastig nach dem Glase, es fällt und der Wein ergießt sich über das Rezept. Die blaue Stempelfarbe läuft sofort aus, alle meine Hoffnungen sind vernichtet.

Entmutigt, verzweifelt lehne ich mich zurück. Und da spüre ich plötzlich, was geschah. Die Wirkung des Morphiums ist vorbei, mein Körper hungert schon wieder. Und verlassen, wie ich war von meiner Geliebten, habe ich natürlich nicht einmal ein Rezept fertiggebracht.

Ich stehe auf, zahle und gehe zum Treffpunkt.

7

Wie Wolf satt ist, wie dick satt er ist! Hingegossen liegt er da, kaum noch sitzend, seine Augenlider hebt er kaum, und träumt und träumt. Ich neide ihm seine Träume, ich neide ihm jede Minute, da er in den glücklichen Banden meiner Freundin weilen darf, indes ich unaussprechlich leide.

»Nun?«, und er liest schon aus meiner verfallenen, elenden Gebärde den Mißerfolg meiner Bemühungen. Er macht es kurz. »Hundert«, sagt er, »hundert Kubikzentimeter. Hier, Hans. Sei vorsichtig, nimm nicht zu viel, nicht wahr? Daß wir heute reichen.«

»Zwei, drei Kubikzentimeter.«

»Schön«, und träumt schon wieder. Ich gehe, die kostbare Stöpselflasche in der Hand, zur Toilette, ich fülle meine Fünfkubikzentimeterspritze ganz, und schon bin ich glücklich, ich lehne mich zurück.

Und … und … ein leises Klirren schreckt mich auf. Neben meinem Arm liegt die umgestürzte Stöpselflasche, ihr Inhalt floß auf den Boden. Wolf! denke ich.

Wolf! Er schlägt mich tot, wenn er nach all diesen Kämpfen solche Nachricht erfährt.

Aber ich schiebe schon wieder die Lippen vor, trotzig, gleichgültig. Wer ist Wolf? Gefährte langer Morphium-Monate, Helfer, Geholfener und doch gleichgültig am Ende, wie alles gleichgültig ist.

Ich hebe die Flasche zum Licht: zwei, drei Kubikzentimeter sind in ihr verblieben. Ich ziehe sie ein in meine Spritze, ich versetze mir auch noch diese Portion, und mein Blut wallt singend auf, in meinem Gehirn blüht Blitz auf Blitz auf, der Rhythmus von Herz und Atem tanzt.

Wilde weite Welt! Da jeder allein ist und jeder dem andern die Zähne in die Flanken schlagen darf, wundersam genießerisch. Abseits, still, all die Abenteuer, die nächtens an den Straßenecken auf mich warten, die Wege durchs Korn, auf denen man die Mädchen überfallen kann, die Hoftüren zu Apotheken, die ich aufbrechen, die Kassenboten, die ich berauben werde. Und da sind Blumen, deren Blattansatz wie eine zarte Muschel geformt ist, und Muscheln, die tönen wie der sterbende Schrei eines wilden Tiers, und dann das weite Sausen des Meeres und die Möwen, die ihre Flügelspitzen in den Salzschaum tauchen, und die braunen Fischersegel und der klingende Sand.

Ich bin überall, ich bin alles, ich allein bin Welt und Gott. Ich schaffe und ich vergesse und alles vergeht. O du mein singendes Blut. Dringe tiefer noch in mich, meine Freundin, verzücke mich wilder noch.

Und ich fülle die Flasche mit reinem Wasser und reiche sie lächelnd und dankend an Wolf, und er hebt sie gegen das Licht und sagt: »Drei? Nein, fünf!«

Und ich nur: »Ja, fünf.«

Und wir sitzen einander gegenüber und träumen, und er wird unruhig und sagt: »Ich will noch einmal spritzen« und geht fort.

Da nehme ich meinen Hut und schleiche aus dem Lokal, steige in ein Auto, und die schleifenden Räder reißen mich ferne seiner Wut.

8

Ich bekam dann die wahnsinnige Idee, es ein wenig mit Kokain zu versuchen. Bis dahin hatte ich nur erst zwei- oder dreimal »Benzol« gespritzt und sofort erkannt, wie gefährlich dieses Gift war.

Morphium ist eine stille, sanfte Freude, weiß und blumig, es macht seine Jünger glücklich. Aber Kokain ist ein rotes, reißendes Tier, es quält den Körper, alle Welt wird wild, verzerrt und hassenswert, Messer blinken gaukelnd durch seine Räusche und viel Blut strömt, und für all das schenkt es nur wenige Minuten höchster Klarheit des Hirns, ein Verknüpfen entlegenster Gedanken, eine blendende Luzidität, die schmerzt.

Aber es gelang mir, und von einem Kellner bekam ich Benzol. Ich machte mir die Lösung, und gleich hintereinander jagte ich mir zwei, drei Spritzen in den Leib. Ich erinnere mich, in diesen Sekunden das Glück der Menschheit gesehen zu haben. Ich weiß nicht mehr, in welcher Gestalt es mir erschien, welch Antlitz es trug, ich erinnere mich nur noch, mitten in meinem Zimmer gestanden und gestammelt zu haben: »Das Glück ... o das Glück ... nun sehe ich es endlich ...«

Aber, da ich spreche, ist das Bild schon wieder vergangen, ich zwinge mein Gehirn umsonst, es erscheint nicht mehr, und jede weitere Spritze, die ich in mich jage, macht mich nur wilder, besinnungsloser, hetzender. Bilder fliegen an mir vorbei, Leiber stürzen übereinander, kleine Buchstaben, die ich lese, tuen plötzlich ihren Bauch auf, und ich merke, daß es Tiere sind, geduckte, heimliche Tiere, die endlos über die Seiten wimmeln, sich gegeneinander verschieben, seltsame Wortfiguren bilden, und ich versuche, ihren Geist nachmalend mit der Hand einzufangen.

Aber dann entdecke ich, daß ich mit meiner Wirtin rede, ich will ihr sagen, daß ich kein Abendessen brauche, ich bilde diesen Satz »Nein, ich esse nichts zu Abend« in meinem Hirn, und mit dumpfer Verwunderung höre ich, wie mein Mund sagt: »Ja, heute erwarte ich den Wolf noch.« Und dann kommt etwas unendlich Schnelles, was ich nicht verstehe, ich erhitze mich, einzelne Worte bleiben in meinem Gedächtnis haften: »Löcher im Bett – Beschwerden – Geld – dünner Kaffee«, eine wilde Wut kocht in mir, und nun springe ich auf die Wirtin zu und halte sie an der Kehle. Die starke, blonde Frau ist hilflos gegen die Wand gedrückt, ihre wasserblauen Augen treten dumm und beleidigend hervor, ihr Kopf macht eine kleine, plumpe Bewegung zur rechten Schulter hin, dann sackt sie ganz weich zusammen und entfällt mit ihrem ganzen großen Gewicht meinen Händen.

Einen Augenblick werde ich hellwach, ich sehe um mich: Ich sitze in irgendeinem banalen Hotelzimmer, ein großes, weißes Federbett liegt unförmig an der Wand, dort, wo ich eben noch meine Wirtin erdrosselte. Ich weiß, daß ich verloren bin, endgültig verloren bin, wenn ich nicht diese, diese eine Minute von Klarheit benutze, mich zu retten. Einzige Hilfe, mit Morphium diese wahnsinnige Erregung, in der Körper und Geist fiebern, zu dämpfen.

Ich rase die Treppen hinunter, stoße einen Kellner beiseite, erreiche das Freie, ein Auto und fahre ins Pschorr.

Im Wagen spritze ich schon wieder, ich rede wild und gestikulierend vor mich hin, der Chauffeur dreht sich immer wieder nach mir um, die Leute auf der Straße stutzen bei meinem Anblick. All das beobachte ich, und ich beobachte auch, daß irgendeine Parzelle des Hirns ganz klar erkennt, aber daß diese Parzelle machtlos gegen die Tollheiten meines Körpers und Geistes ist. Ich sehe den Wahnsinn, weiter zu spritzen, und ich spritze weiter.

Im Pschorr frage ich nach Wolf, ich will nach ihm fragen, mein Gesicht führt einen Muskeltanz auf, ich bemühe mich, die paar Worte, die die kleine Parzelle dort oben zurechtlegte, ganz langsam und deutlich auszusprechen, und dann sagt mein Mund irgendein wildes, verwaschenes Gesabber, und der Kellner flieht vor mir, und ich fliehe aus dem Lokal.

Ich jage nach Wolfs Wohnung: nichts. Ich jage sinnlos durch die Stadt, hierhin, dorthin, immer weiter spritzend, immer wilder werdend. Meine Unterarme sind unendlich dick und kuglig aufgeschwemmt, Blut fließt aus vielen Einstichstellen in Hemd und Manschette, über meine Hand. Der Wahnsinn schlägt haushoch über mir zusammen, oft kichere ich lautlos vor mich hin, wenn ich einen neuen Plan faßte, diese verruchte Stadt mit ihren sinnlosen Apotheken anzustecken, aufflammen zu lassen wie einen Strohwisch.

Und ich stehe plötzlich in einer Apotheke, ich schreie wie ein Tier, ich werfe die Leute, die mich halten wollen, von mir, ich zerschlage eine Scheibe, und plötzlich reicht man mir Morphium, gutes, klares, weißes, blumiges Morphium.

O du meine süße Freundin, nun bin ich wieder sanft. Ich fühle, wie das Kokain vor ihr flieht, an der obersten Spitze des Magens hängt es sich noch eine Weile fest wie ein brennender Durst und ist verjagt.

Ein paar Polizeimenschen legen mir die Hände auf die Schulter. »Nun kommen Sie mit.«

Und ich gehe mit ganz sachten, kleinen Schritten hinter ihnen her, meine Freundin nicht zu erschrecken, und bin selig und weiß, daß ich allein bin mit ihr und daß nichts sonst gilt.

Und die lange Qual der Entwöhnung beginnt.

Drei Jahre kein Mensch

1. Die Probe

Eines Morgens wache ich auf aus jener tiefen Ohnmacht, die damals Schlaf hieß. Und plötzlich weiß ich: So geht es nicht weiter.

Ich schütte einen Viertelliter Kognak in mich hinein, mein Gehirn beginnt, sich zu regen, meine Hände zittern nicht mehr so, der Magen arbeitet, statt zu schmerzen, aber: Das muß ein Ende haben.

Ich erinnere mich, heute ist Sonnabend, um acht Uhr muß ich zur Stadt, auf die Bank, zwölftausend Mark abheben, einige tausend bezahlen. Dann kann ich Weekend machen, vor Sonntagabend brauche ich nicht wieder hier zu sein.

Und während ich den zweiten Viertelliter trinke, bildet sich in meinem Hirn ein Plan –: Ich werde mir reichlich Reisegeld mitnehmen, fünf-, sechshundert Mark. Verlumpe ich die wieder restlos, so heißt das Schluß. Bringe ich die Abhebung heil nach hier, so gibt es noch ein Weiterkommen, ein Aufwärts.

Dann nimmt der übliche Büromorgen seinen Anfang, und ich bewahre mein Gesicht vor den Leuten wie stets. Und die üblichen kleinen Ängste kommen: Rieche ich auch nicht nach Kognak? Muß ich nicht des Scheins wegen noch ein Stück Brot essen?

Eine Stunde später bringt mich der Wagen zur Bahn. Kaum ist er vom Hof gerollt, suche ich schon in den Taschen. Wirklich habe ich den Scheck über zwölftausend Mark, Hauptzweck meiner Reise, vergessen. Ich lasse kehrtmachen, der Wagen rasselt wieder über den Hof, der Administrator ruft mir noch etwas zu, ich eile an den Geldschrank, nehme den Scheck. »Pünder, los!«

Und immer der Gedanke: Wenn ich den Zug nicht erreiche, wird aus der Probe nichts.

Ich erreiche ihn, und kaum sitze ich im Abteil, quält mich schon wieder der Durst nach Alkohol. Auf jeder Station spähe ich, ob nicht Zeit ist, einen, wenigstens einen Kognak zu trinken.

Sieben Jahre liege ich nun schon an der Kette der Sucht, mal Morphium, mal Kokain, mal Äther, mal Alkohol. Sanatorien, Irrenanstalten, Leben in der Freiheit, gebunden an die Sucht, eine löste nur die andere ab.

Und der ewige Kampf, Geld zu schaffen für den Dämon Gift, der mich frißt, die unendlich sinnreichen falschen Buchungen, die jedem Revisor trotzen müssen, die ewige Pose, damit nur niemand etwas merkt. Nun fahre ich nach der Stadt, die Probe zu bestehen, ein neues Leben zu beginnen.

Auf der Bank geht alles glatt, man kennt mich dort, ich bekomme das Geld. Und auf einer andern Bank zahle ich anderthalb Tausend ein. Das wird helfen, meine Spur zu verdecken, wenn ich fliehen muß: Welcher Defraudant bezahlt denn vom Unterschlagenen Schulden des Besitzers?

Dann bin ich frei, bummele ein wenig durch die Stadt. Die Hafenbecken spiegeln die sonnige Bläue wieder, Menschen drängen sich, eilen, plaudern, lachen – aber ganz von selbst lenken sich meine Schritte in das Bordellgäßchen am Hafen. Dort kennt man mich, wie ein Lauffeuer fliegt es von Haus zu Haus: Der Hannes ist da.

In irgendeiner Stunde, während sie drinnen bei Sekt jubeln, sich zanken, aufschneiden, weinen, zähle ich, auf dem Lokus sitzend, mein Geld: Die zwölftausend Mark sind schon angerissen. Ich habe die Probe nicht bestanden.

Ich gehe auf die Straße, zum Bahnhof. Wieder rattert der Zug. Die Flucht beginnt. Hamburg. Ein verschlafener Tag. Die Nacht in Sankt Pauli. Am nächsten Morgen im Flugzeug nach Berlin. Jetzt kann man mich schon verfolgen. Dann bin ich in München, in Leipzig, in Dresden, in Köln.

Es ist immer dasselbe, das Gift läßt mich nicht los. Ich kann nichts mehr essen. Schlaf – was so Schlaf heißt – ist qualvolle Bewußtlosigkeit.

Und schon wieder bin ich in Berlin. Was soll ich dort? Was soll ich irgendwo? Ich treffe ein Mädchen, das ich auch früher manchmal sah. Jetzt scheint die Stunde gekommen. Ich lege den Arm um sie, ziehe sie an mich, und sie sagt, ganz sanft sagt sie es: »Aber Sie trinken? Nicht wahr, Sie trinken?«

2. Ist Knastschieben denn schön?

Kriminalisten erzählen von den Schwierigkeiten, die es macht, einen Verbrecher zu verhaften. Meine Erfahrungen liegen in der Richtung, daß es schwierig ist, verhaftet zu werden.

Ich trete in Berlin in die Bahnhofswache am Zoo. »Bitte, mich zu verhaften.«

»Warum? Wieso?«

»Ich habe auf der Kasse in Neustadt vor gut einer Woche zwölftausend Mark unterschlagen, vorher auch schon größere Summen für mich verbraucht und durch falsche Buchungen – na egal! Also verhaften Sie mich!«

»Wie heißen Sie denn?«

»Hans Fallada aus Neustadt.«

Der Polizeileutnant, oder was er ist, bedenkt mich mit einem langen Blick. »Na, dann warten Sie mal hier. Es ist doch auch wahr, was Sie erzählen?«

»Natürlich. Was hätte ich für ein Interesse ...«

Er geht ins Nebenzimmer. An Zivilpersonen sind außer mir auf der Wache nur noch eine heftig weinende Frau mit einem Jungen, die wegen Taschendiebstahls vernommen wird, und ein schwer betrunkener Mann, der hartnäckig behauptet, ihm sei sein Geld gestohlen. Ein Wachtmeister will ihn beruhigen, er wird wilder, auch der vernehmende Beamte wendet sich ihm zu – im gleichen Augenblick flüstert die heulende Frau nach mir hin: »Mach doch, daß du raus kommst, du Stubben! Ist Knastschieben denn schön?!«

Und schon geht die Vernehmung, das Geheul, das Gegröl des Betrunkenen weiter, während ich darüber nachdenke, was »Stubben« und »Knastschieben« bedeuten. Ich werde drei Jahre Zeit haben, zu lernen, daß Stubben im Norddeutschen für das bayrische Wurzen steht, und daß der Ganove für Sitzen Knastschieben sagt.

Der Polizeileutnant kommt wieder. »Sie sind nicht gesucht. Machen Sie, daß Sie nach Haus kommen und Ihren Rausch ausschlafen.«

»Aber wenn ich Ihnen doch sage, daß ich zwölftausend Mark ...«

»Hauen Sie bloß ab mit Ihren betrunkenen Geschichten. Soll ich Sie erst rauswerfen lassen?«

»Es muß doch ein Steckbrief dasein ...«

»Kein Wort steht im Fahndungsblatt. Ich fordere Sie hiermit auf, die Wache zu verlassen.«

»Zwölftausend Mark ...«

»Einmal, zweimal – gehen Sie endlich?«

»Ich habe in Neustadt ...«

»Zum dritten Mal! – Scharf und Blunck, schmeißt das besoffene Schwein raus!«

Also gehe ich schon.

3. Bereitschaftsdienst der Krimpo

Drei Stunden später – es ist mittlerweile ein Uhr nachts geworden – stehe ich im Roten Schloß am Alex vor einer Tür mit dem Schild: »Bereitschaftsdienst der Kriminalpolizei«. Ich klopfe und gehe hinein.

Um einen großen Tisch sitzen zehn, fünfzehn Männer. Einige lesen, einige plaudern, viele rauchen, alle sehen gelangweilt aus. Ich trete auf sie zu und sage: »Ich bitte, mich zu verhaften. Ich habe zwanzig- oder dreißigtausend Mark unterschlagen.«

Alle Gesichter wenden sich mir zu und mustern mich.

Dann scheinen sie, ohne Blicke miteinander gewechselt zu haben, einig geworden. Sie kehren zum Zeitunglesen, Plaudern, Rauchen, zur Langenweile zurück, und nur einer mit gesträubtem grauem Schnurrbart fragt: »Bißchen viel getrunken, was?«

Nur keine Erklärungen, denke ich und sage: »Man kann sich auch Mut antrinken.«

»Das kann man«, bestätigt er, sieht mich noch einmal an und beginnt dann, nach Namen, Wohnort, Art des Vergehens zu fragen. Meine Antworten scheinen zu befriedigen, denn er sagt zu einem andern: »Willi, sieh mal die Steckbriefe durch.«

»Ich bin nicht gesucht.«

»Nein? Woher wissen Sie das denn? Glauben Sie, Graf Totz schenkt Ihnen die dreißigtausend?«

Ich erzähle meine Aufnahme am Zoo.

»Na, denn warten Sie mal.« Und er verschwindet mit Willi im Nebenzimmer.

Ich stehe allein, unbeachtet. Mache ein paar Schritt, hole eine Zigarette, die letzte, aus der Tasche und brenne sie an. Wieder ein paar Schritte, und ich stehe an der Tür. Ich sehe zurück: Die lesen, dösen, langweilen sich.

Ich drücke die Tür auf, nicht besonders behutsam, sondern wie man eben eine Tür öffnet, und stehe auf dem Gang. Die Tür ist wieder zu, ich kann weitergehen, auf die Straße, niemand hält mich. Statt dessen gehe ich wieder zur Bereitschaft.

Der graue Schnurrbart kommt zurück. »Ich habe eben mit der Wache Zoo telefoniert. Sie sind wirklich dagewesen.«

Zum zweiten Mal sehen mich alle an. Daß ich in diesem Punkt die Wahrheit gesprochen, daß ich mich nun schon zum zweiten Mal verhaften lassen will, das macht mich aus einem hartnäckigen Betrunkenen, der Unfug treiben möchte, zu einem Objekt der Fürsorge. Ich bekomme einen Stuhl, eine Schachtel mit Zigaretten wird auf den Tisch gestellt, ein Protokoll soll aufgenommen werden.

Aber zuerst heißt es: »Legen Sie alles aus Ihren Taschen auf den Tisch!«

Ich packe aus. Meine Brieftasche und mein Portemonnaie finden das meiste Interesse. Aber: »Ist das alles Geld, was Sie noch haben?«

Sieben Mark und zwanzig Pfennig liegen auf dem Tisch.

»Also darum kommen Sie zu uns! Weil Sie nicht mehr weiterwissen!«

Das Interesse ist erloschen, die Zigaretten verschwinden wieder (»Sie haben für die nächsten Jahre genug geraucht«), rasch ist das Protokoll fertig, und um zwei Uhr liege ich in einer Zelle, richtig verhaftet.

4. Die Wanzen

Als ich erwache, glaube ich zuerst, ich träume noch. Direkt vor meinem Auge, so daß sie ungeheuer groß erscheinen, bewegen sich zwei rostbraune, breite, gepanzerte Tiere. Ich fahre mit dem Kopf zurück, ich fühle ein unerträgliches Jucken im Gesicht und an den Armen und begreife: Wanzen.

Ich habe diese Tiere bisher nur auf den Plakaten für Insektenpulver gesehen, aber der Lichtschein, der durch die Milchglasscheibe über der Zellentür fällt, macht es zweifellos: Wanzen. Ich zerdrücke sie. Sie hinterlassen auf dem Überzug breite Blutflecken. Und nun verstehe ich auch die schwarzbraunen Flecken an den Wänden. Dies sind keine versprengten Einzelexistenzen, dies sind die Sendboten eines großen Volkes, mit dem ich mich werde auseinandersetzen müssen.

Mein erstes Gefühl ist Empörung. Man kann im Gefängnis streng sein, man kann dies verbieten und jenes, aber Wanzen liegen außerhalb jedes Bestrafungsplanes. Wanzen braucht sich auch ein Gefangener nicht gefallen zu lassen. Ich werde mich morgen früh beschweren.

Ich schlafe wieder ein, aber schon weckt mich von

neuem der stechende Schmerz. Die Wanzen sind wieder da. Ich versuche es noch ein paarmal mit dem Schlaf, aber dann stehe ich auf, krieche in meine Kleider und erwarte, auf und ab gehend, den Tag.

Kaum klirrt der Schlüssel in der Tür, so melde ich: »Hier sind Wanzen!«

»Wanzen?« fragt es zurück. »Darüber hat aber Ihr Vorgänger nie geklagt. Melden Sie es dem Stationsbeamten, dann bekommen Sie ein Mittel.«

Da ich nicht weiß, wer der Stationsbeamte ist, melde ich es bei jedem Aufschließen, zwanzigmal den Tag. Aber das Wanzenmittel kommt nicht. Als es wieder dunkel wird, das Haus still geworden ist, trommele ich wild gegen die Tür. Eine empörte Stimme schnauzt von außen: »Wollen Sie wohl ruhig sein! Was ist denn los?!«

»Ich will mein Wanzenmittel haben!«

»Melden Sie das morgen bei Aufschluß. Und jetzt seien Sie ruhig, sonst stecke ich Sie in Arrest.«

»Geben Sie mir eine andere Zelle.«

»Alles besetzt«, und der Schlurfeschritt entfernt sich. Ich verbringe auch diese Nacht im Aufundabgehen, frierend, voll Wut.

Am nächsten Morgen mache ich empört Meldung.

»Ach, Sie mit Ihren Wanzen! Sie sind wohl nie im Felde gewesen!« Aber ich bekomme mein Wanzenmittel. In einem Spucknapf trägt ein Kalfaktor eine weißliche, scharf riechende Brühe herein, nebst einem Pinsel. »So, halten Sie nun Ihre Zelle fleißig sauber und pinseln Sie tüchtig gegen die Wanzen. Dann haben Sie wenigstens was zu tun.«

Ich bin wieder allein. Nun habe ich Arbeit. Ich nehme die Bettwäsche ab, untersuche erst die Matratze, den Kopfkeil. In mancher Falte sitzen fünf, sechs Stück, ich zerdrücke sie, ehe sie fliehen können. Die großen sind rotbraun, die kleinen von einem gallertfarbigen Weißlich. Dann kommt die Bettstelle selbst. Ein paar Unterlagebretter sind loszumachen, ich pinsele alles aus, ich fahre in die Ritzen. Sie fliehen. Ich töte sie. Das soll eine ruhige Nacht werden!

Zeitig lege ich mich hin, um für die kommenden Verhöre frisch zu sein. Aber dann wache ich wieder auf von dem bekannten stechenden Schmerz, der ein sofortiges Jucken auslöst. Meine Tagesarbeit scheint vergeblich zu sein, die Wanzen sind wieder da.

Das Schlimme ist, daß in dieser Nacht aus irgendeinem Grunde kein Licht in meiner Zelle brennt. Ich zweifele schon, ob ich mir das Jucken nicht nur einbilde. Dann erwische ich im Dunkeln eine auf meinem Gesicht, eine auf meinen Beinen entlang spazierend. Ich prüfe durch den Geruch, ob ich mich nicht getäuscht habe. Wanzen riechen unverkennbar. Es ist ein süßlicher – der Farbe nach grüner – Geruch, der an Gras erinnert. Bei dieser Riechprobe fällt mir Flaubert ein, der diesen Wanzengeruch bei Rustschuk Hanem besonders erregend fand.

Es ist toll, wie sehr mich dieses Wanzengetier stört. Den ganzen Tag habe ich heute die platten braunen und weißlichen Figuren überall gesehen, sogar beim Schreiben schienen sie sich in der Höhlung der Feder verkriechen zu wollen. In der Ereignislosigkeit der Haft nehmen diese Tiere eine Bedeutung an, die mich erschreckt. Schon frage ich mich: Sind die Wanzen nicht vielleicht nur eine Halluzination von mir?

Ich erinnere mich, daß ich schon draußen manchmal den gleichen Juckreiz verspürte, wenn ich abends keinen Alkohol getrunken hatte. Freilich fand ich dort am nächsten Morgen nicht die Bißwunden an Arm und Bein vor. Aber da fällt mir ein, daß eine Hysterikerin ein Geschwür so stark »denken« kann, daß es am nächsten Tage da ist. Wenn es mir so ginge?

Und vergeblich suche ich mich damit zu trösten, daß ich ja die Gestalten der Wanzen gesehen habe. Vielleicht ist grade dies Sehen eine Halluzination? Umsonst rufe ich mir zurück, wie sie gestern auf meinem Kopfkeil erschienen, zwei braune Prachtexemplare, die sehr viel Blut ließen. Ich sehe auch noch, wie sie aus einer Spalte meines Betts, zwischen Holz und Eisen, beim Einpinseln hervorkamen. Ich sehe sie in den Falten meiner Seegrasmatratze sitzen.

All das bewiese nur etwas, wenn sie ein anderer auch gesehen hätte. Aber der Beamte sagte: »Ihr Vorgänger hat sich nie darüber beklagt.« Und es ist ausgeschlossen, daß irgendein Mensch diese Anzapfungen ohne Widerstand erträgt.

Weiter. Als man mir die Vertilgungsbrühe brachte, ein Wachtmeister mit dem Kalfaktor, zeigte ich meinen rechten Unterarm vor, der mit seinen Dutzenden von Bißwunden wirklich toll ausschaut. Sie sahen beide darüber fort, als wäre da nichts. Also …

Und heute nachmittag, als ich schrieb, fühlte ich ein Kitzeln im Nacken, griff zu und spürte noch das Verschwinden eines Tiers unter meinem Hemd. Ich riß sofort das Hemd ab – ich saß nur in Hemd und Hose –, ich hätte das Tier finden müssen, wenn es dagewesen war: Ich fand es nicht.

Während des Schreibens erschienen an der Innenseite des linken Unterarms, mit dem ich das Papier hielt, zwei, drei Bißstellen. Wie ist es möglich, daß ich eine Wanze an diesem nackten Unterarm, der während des Schreibens sozusagen ständig unter meinem Blick liegt, nicht kommen, saugen, fortgehen sehe? Es war eben keine Wanze da, sondern …

Es wird schon besser sein, ich stehe auf und verbringe meine Nacht im Gehen. Ich spinne ja schon. Aber eigentlich könnte sich auch einmal ein Arzt um mich kümmern. Soll man nicht bei der Aufnahme untersucht werden? Sicher, so steht das geschrieben. Eben. Geschrieben.

5. Mein einziges Verhör

Ich habe von Stunde zu Stunde, von Tag zu Tag gewartet, daß sich etwas mit mir ereignet. Nichts geschieht. Manchmal, wenn ich es schon müde geworden bin, die ewig gleichen Zeitungsnachrichten auf meinem Klosettpapier zu lesen, Wanzen zu jagen und in der Zelle auf und ab zu gehen, bilde ich mir ein, man hat mich vergessen.

Aber nein, man wird hier nicht vergessen. Alles hat seine Zeit, viele Zeit. Am fünften Tage wird meine Zelle ganz außer der Reihe aufgeschlossen. Ein Zivilist schaut herein. »Fallada, kommen Sie mal mit.«

Gänge, Türen, ich komme in einen Gebäudeteil, der nicht Gefängnis ist, und in ein Zimmer mit zwei Beamten. Auf einem Tisch liegt mein Koffer. Also haben sie mein Hotel gefunden, findig sind sie.

»Sind Sie Fallada? Haben Sie das unterschrieben?«

»Ja, das ist das Protokoll.«

»Na, Graf Totz hat telegrafiert. Die haben gedacht, Sie sind verunglückt.«

»Ja«, sage ich.

»Feine Gelegenheit zu verschwinden, was? Aber wenn das Geld alle ist, kriecht das Muttersöhnchen ins Loch.«

»Ja«, sage ich.

»Halten Sie aufrecht, was Sie da unterschrieben haben?«

»Ja«, sage ich.

»Das erste Ding, was Sie gedreht haben, was?«

»Ja«, sage ich.

»Merkt man.«

»Ganz neu eingepuppt hat er sich«, sagt der zweite Beamte, der mich unterdes schweigend beobachtet hat. »Haben die Sachen wohl vom Geklauten gekauft?«

»Ja«, sage ich.

»Los, marsch, ziehen Sie sich aus. Die Sachen gehören nicht Ihnen.«

Die beiden stehen da und schauen zu, wie ich mich ausziehe.

»Da. Ziehen Sie die Sachen aus dem Koffer an. Sind das Ihre?«

»Ja«, sage ich.

Wieder ziehe ich mich an.

»Der Anzug ist auch wie neu. Den haben Sie wohl auch vom Geklauten gekauft?«

»Schließlich muß ich doch was angehabt haben, wie ich losgefahren bin.«

»Kann man nicht wissen. Irgendsone Pennerkleidung, die längst im nächsten Chausseegraben liegt.«

»Ja«, sage ich.

»Nun machen Sie schon dalli. Packen Sie die Sachen in den Koffer. Übrigens hat der Hotelwirt Strafantrag wegen Zechprellerei gegen Sie gestellt.«

»Um so besser«, sage ich.

»Was heißt besser?«

»Ich will eine lange Strafe. Ich will mir hier das Trinken abgewöhnen.«

Beide brechen in ein unbändiges Gelächter aus. »Keine Bange! Wird Ihnen noch viel zu lang!«

»Sie denken wohl, Sie sind in einer Trinkerheilstätte?«

Dann mustern sie mich, schweigsam geworden.

»Sagen Sie mal, Sie wollen wohl auf den Paragraphen 51 hinaus?«

»Im Gegenteil«, sage ich.

»Gegenteil ist gut. Aber das sage ich Ihnen, wenn Sie das versuchen, dann können Sie was erleben. Sind Sie schon mal in 'ner Irrenabteilung von 'nem Gefängnis gewesen?«

»Nee«, sage ich.

»Da gibt's Schläge«, sagt er bedeutungsvoll. »Nichts für Muttersöhnchen!«

»Erzählen Sie keine Geschichten. Übrigens verlange ich, einem Richter vorgeführt zu werden.«

»Schicken Sie ihm doch Ihre Visitenkarte.«

»Ich habe das Recht, innerhalb der ersten vierundzwanzig Stunden einem Richter vorgeführt zu werden. Jetzt bin ich schon über hundert Stunden in Haft.«

»Wenn Sie sich auf Stundenzählen verlegen, werden Sie die nächsten Jahre stramm zu tun haben. Na, nun machen Sie, daß Sie wieder auf Ihr Schloß kommen! Halt, der Hut kommt in den Koffer.«

»Der ist aber nicht vom Geklauten gekauft.«

»Der Hut ist ganz neu.«

»Ich hab auch manchmal neue Sachen gekauft.«

»Meinethalben. Dann gehen Sie man wieder auf Ihre Zelle.«

6. Spinnen

Sechs Monate und fünf Tage habe ich in Untersuchungshaft gesessen. In dieser Zeit erwartete ich täglich, vor den Richter geführt zu werden, wenigstens die Anklageschrift zu erhalten: Es geschah nichts.

Während dieses halben Jahres war ich in drei Gefängnissen und über zwanzig verschiedenen Zellen. Immer glaubte ich, der Ortswechsel müßte irgendwie mit einem Fortgang in meinem Verfahren zusammenhängen: Nichts geschah.

Aber Zeit hatte ich, unendlich viel Zeit. Und ich benutzte sie, wie sie die meisten Untersuchungsgefangenen benützen, zum Grübeln. Zu jener typischen Untersucherkrankheit, die nach einer Gefängnisarbeit ihren Namen bekommen hat: zum Spinnen.

Ich spann schon recht tüchtig. In den ersten vier Wochen waren es die Wanzen, die mein ganzes Denken und Tun beherrschten. Kein freier Mensch kann sich vorstellen, welche Ausmaße diese Wanzenfurcht bei mir annahm. Wie viele Tage und Nächte ich, von Wut geschüttelt, in meiner Zelle umherlief, mein Bett plötzlich auseinanderriß, wie irrsinnig alles nach den Tieren durchwühlte, sie an der Decke, am Boden, in den Spalten der Dielen entdeckte. Wie sie mir entwischten, wieder auftauchten, mich verhöhnten. Kein Arzt half mir gegen diese Ungezieferangst, die durch Alkoholabstinenzerscheinungen noch verschärft wurde.

Dann kam ich in ein anderes Gefängnis, der Wanzenfimmel gab sich. Es kamen andere Ängste. Auf dem Freihof, wo wir unsern halbstündigen Spaziergang absolvierten, war ein Klingelknopf mit der Aufschrift »Alarm«. Jede Freistunde kämpfte ich dagegen an, ihn zu drücken, um einmal zu sehen, was dann passierte. Dazu kam die Zellenreinigungswut, bei der ich den Linoleumfußboden meiner Zelle stundenlang rieb, mit den Borsten des Handfegers schlug, bis er glänzte. Völlig erledigt saß ich dann auf dem Schemel, die Beine angezogen, damit sie das Spiegelbild des Bodens nicht zerstörten. Bis ich irgendeinen Winkel entdeckte, der noch nicht ganz so blank war wie die andern Stellen, und die Arbeit von frischem anfing.

Andere litten an andern Krankheiten. Lange hatte ich einen Zellennachbarn, einen Justizobersekretär, der beschuldigt war, einen Verdächtigen vor seiner drohenden Verhaftung gewarnt zu haben. Dieser Mann vergaß Familie, seine eigene Lage, den nahenden Termin völlig über der Idee, die Abschaffung der Untersuchungshaft durchsetzen zu müssen.

Ihm war sie wohl anfänglich besonders schwer geworden, alles, was ihm in seinem Beruf bisher selbstverständlich geschienen, sah so anders aus, seit er drinnen in der Zelle saß. Nun schien ihm Untersuchungshaft Wahnsinn und Verbrechen.

Aber es waren ganz unsinnige, unglaublich kindische Einfälle, die den anfänglich ganz vernünftigen Mann überkamen und die er mit endlosen Eingaben an Vollzugsämter, Staatsanwaltschaften, Richter, Minister durchsetzen wollte. Eine dieser Ideen war die, statt der Untersuchungshaft einen unverwischbaren Stempel auf die rechte Hand der Leute zu drücken, gegen die ein Verfahren schwebte. Im allgemeinen konnten sie diesen Stempel durch Handschuhe verbergen, keine Fernfahrkarte sollte aber verkauft werden, ohne daß jeder Käufer seine rechte Hand dem Schalterbeamten zum Beweise der Stempelfreiheit vorzeigte.

Eine Weile hatte ich einen Nachbarn, dessen fixe Idee es war, daß er »keinen Paragraphen« habe. Zuerst verstand ich ihn nicht, und es war ja auch wegen der ständigen Bewachung nie leicht, sich mit den Nachbarn zu unterhalten. Schließlich begriff ich, daß er meinte, sein Delikt falle unter keinen Paragraphen des Strafgesetzbuches. Er war beinahe täglich Gast beim Untersuchungsrichter und muß ihn durch seine Frechheit, fixe Idee und Dummheit an den Rand der Verzweiflung gebracht haben. Eine seiner Schilderungen eines solchen Verhörs ist mir noch in Erinnerung:

Richter: Wo haben Sie den Scharf kennengelernt?

Petersen: Im Brandenburger Hof, wo ich wohnte, trank er abends sein Bier.

Richter: Und dann haben Sie ihm Holz verkauft?

Petersen: Nein, Holz habe ich ihm keines verkauft.

Richter: Sagen Sie doch die Wahrheit, Mensch.

Petersen: Das ist die Wahrheit.

Richter: Aber Sie haben davon gewußt, daß er Holz verkaufte?

Petersen: Erst zu Weihnachten, als alles schon raus war. Da hat er doch von mir verlangt, ich solle den Kaufvertrag unterschreiben.

Richter: Weil Sie ihm eben das Holz verkauft hatten.

Petersen: Nein, weil ich seine Frau ge...... habe. Aber dagegen gibt es keinen Paragraphen.

Richter: Herrgott, fangen Sie schon wieder mit dem Quatsch an! Wachtmeister, führen Sie den Mann raus.

Natürlich fand sich dann doch der Paragraph, und Petersen wurde wegen Holzverschiebungen erheblich bestraft. Er kam gleich in der Nacht nach der Verurteilung in eine Tobzelle. Er konnte es nicht verwinden, daß es doch einen Paragraphen gab.

Am verbreitetsten ist natürlich die Krankheit, ständig über den eigenen Fall zu reden. Es ist nur menschlich, daß auch die kleinste Affäre in den Augen des Betroffenen zu einem ungeheuren Fall wird, der jedem Beamten, jedem Mitgefangenen aufgetischt wird. Lange lag ich neben einem Volksschullehrer, der eine Wechselfälschung begangen haben sollte, eine in der Familie spielende Geschichte. Der Mann wurde nicht müde, jedem seinen Fall zu erzählen. Als er in seiner erreichbaren Nähe alle so lange damit angeödet hatte, daß ihm niemand mehr zuhörte, kletterte er an seinem Zellenfenster mit Hilfe von Tisch und Schemel hoch, so daß er Ausblick auf die gegenüberliegende Gefängniswand bekam. Da rief und lockte er so lange, bis irgendein anderer Gefangenenkopf auftauchte, dem er sofort in fieberhafter Hast »alles« erzählte.

Wie oft kam zu diesem Lehrer der »Gerichtsvollzieher«, wie es in der Gefangenensprache hieß, d. h. es wurden ihm Tisch und Stuhl aus der Zelle fortgenommen, damit er nicht wieder hochklettern konnte. Es half alles nichts, noch dem anschnauzenden Beamten gab er einen neuesten Bericht über die Sachlage, setzte den Fuß zwischen die Zellentür, daß nicht zugeschlossen werden konnte, und redete und redete.

Ich habe den Lehrer später noch in der Strafhaft wiedergesehen, er redete immer noch von seinem Fall. Kurz nach seiner Entlassung hat er dann seine Frau und sich erschossen, trotzdem es ihm wirtschaftlich gar nicht einmal schlecht ging. Er ist wohl nicht darüber fortgekommen, daß er die Wiederaufnahme seines Verfahrens nicht durchsetzen konnte, sah, daß den Menschen draußen sein Fall vollkommen gleichgültig war.

Dann gibt es ein Großteil Leute, die die Trennung von der Familie, von Kindern oder Frau, nicht verwinden können. Grade im Anfang der Untersuchungshaft ist es fast immer außerordentlich schwer, Sprecherlaubnis mit der Familie zu erhalten. Dann glaubt der Gefangene sich verlassen, verachtet, es kommt zu fürchterlichen Zusammenbrüchen, mit allen Abstufungen von endlosem stillem Weinen bis zu tobender Raserei. All das hilft nie etwas. Fast nie greift ein Arzt ein. Spinnen gehört nun einmal zur Untersuchungshaft, Spinnen wird eben von allen Beamten als selbstverständlich angesehen.

Mir ist in schrecklicher Erinnerung, wie ein ganz gutmütiger Beamter zu einem völlig Zusammengebrochenen, der ständig nach seiner Frau weinte, sagte: »Das ist alles nur halb so schlimm. Seien Sie nur erst ein Jahr bei uns, dann haben Sie sich ganz eingewöhnt, dann wollen Sie es gar nicht mehr anders.«

Daß es tatsächlich Leute gibt, die nach einem Jahr wohl immer noch anders möchten, dann aber nicht mehr anders können, weil sie seelisch erkrankt sind, das ist eine der größten Gefahren im Gefängnis.

7. Robinson im Gefängnis

Der Mann, der zum ersten Male ins Gefängnis kommt, gleicht Robinson, den der Sturm auf eine wüste Insel verschlug. Alle Fähigkeiten, die er in seinem Leben draußen entwickelte, helfen ihm hier nichts, sie sind ihm eher hinderlich. Er muß noch einmal von vorn anfangen. Will er ein erträgliches Leben führen, muß er verlernen, was er wußte, und lernen, was Robinson lernte.

Zum Beispiel Feuer machen, ohne Streichhölzer, ohne das moderne Benzinfeuerzeug. Es war mir schon in den ersten Tagen gelungen, ein wenig Tabak zu erwischen, aber keine Schläue, kein Zureden, keine Bettelei verschafften mir Streichhölzer, ein Artikel, der äußerst rar zu sein schien.

Eines Abends saß ich halb verzweifelt in meiner Zelle, vor mir vier oder fünf Zigaretten, von wildestem Rauchhunger gepeinigt, und nur das Feuer, nichts wie das, war es, was mir fehlte. Ich sprang auf. Mein Vorgänger mußte in derselben Lage wie ich gewesen sein, er mußte ein Hilfsmittel gehabt haben, Streichhölzer, vielleicht lagen sie noch irgendwo versteckt.

Ich begann, meine Zelle systematisch abzusuchen. Es

gibt Wunder, wenn man sie nur stark genug wünscht. Auf dem Schirm der Lampe, ganz oben, nahe der Decke, nur erreichbar, wenn ich den Stuhl auf den Tisch stellte, fand ich schließlich dreierlei: Eine stählerne Dreikantfeile. Ein langes Stück Holz, auf der einen Seite eingeschnitten und in den Einschnitt eingeklemmt und mit Faden festgebunden ein Stück Feuerstein. Und schließlich eine Blechschachtel mit versengter Leinewand.

Stahl, Stein und Zunder, hier war Robinsons Feuerzeug, ich war gerettet. Ich steckte eine Zigarette in den Mund, stellte die Schachtel mit dem Zunder auf den Tisch und begann, Feuer zu schlagen. Es gab ein helles Pink, aber kein Funke flog. Ich pinkte unermüdlich, der Schweiß floß von der Stirn, es gab zwei, drei Funken, aber sie erloschen, ehe sie auf den Zunder gefallen waren.

Es wurde dunkel, ich pinkte, es war Nacht, ich pinkte noch. Es gab kein Feuer. Die Zigarette im Munde war unterdes halb aufgekaut, und so entdeckte ich an diesem Abend, wenn auch nicht das Feuerschlagen – das mußte ich noch manchen Abend üben –, so doch das Tabakkauen.

Der Sinn mancher Redensarten, die wir heute noch gebrauchen, die aber in unserm Leben draußen längst ihre Bedeutung verloren haben, ging mir auf. In einem Gefängnis bestand die Gewohnheit, den Gefangenen nur einmal in vierundzwanzig Stunden einen Krug frischen Wassers zu geben. An zweimalige Wasserausgabe gewöhnt, hatte ich das schmutzige Wasser fortgegossen und bekam nun kein reines wieder. Ich hätte mir gerne die Hände gewaschen, aber: Man soll sein schmutziges Wasser nicht fortgießen, ehe man reines hat.

Das Brot am Morgen und Abend bekam man jedesmal in einem handfesten Kanten von einem halben Pfund. Morgens zerschnitt man es sich in Scheiben, aber abends ging das nicht, eine unsinnige Verordnung befahl, daß die Gefangenen jeden Abend Messer und Gabel in einem Beutel vor die Tür zu legen hatten. Da saß man denn vor einem Trumm Brot, über das fortzubeißen auch dem größten Munde schwierig gewesen wäre, und geriet von selbst auf jene biblische Handlung: Man brach das Brot.

Aber alle diese einfachen, schlichten Handlungen, die man zu erlernen hatte, waren nur die äußeren Zeichen einer gänzlich geänderten Welt. Man war in ein Dasein geraten, in dem man nichts von den andern, alles nur von sich zu erwarten hatte. Je mehr man sich abschloß, um so sicherer durfte man seiner Ruhe sein, je mehr man von den andern, den Wachtmeistern, den Beamten, den Juristen erwartete, um so größere Schwierigkeiten bauten sich vor dir auf.

8. Die kleinen Schikanen

Der Neuling, der ins Gefängnis kommt, hat im allgemeinen keinen andern Wunsch, wie in Ruhe gelassen zu werden. Ist er kein Dummkopf, so merkt er bald, daß jeder Wunsch, den er äußert – und sei es der natürlichste –, von allen Beamten groß und klein als Belästigung empfunden wird. Er bescheidet sich und nimmt seine Hoheit, den Herrn Wachtmeister, Oberwachtmeister, Hauptwachtmeister mit dem Sternenheer der Werkmeister, Hausväter, Maschinenmeister, Sekretäre, Inspektoren, Oberinspektoren, Direktoren, so wenig wie nur möglich in Anspruch.

Aber es kommen Augenblicke, wo er einen Wunsch äußern muß. Er ist plötzlich verhaftet worden, er will einen Brief nach Haus schreiben, eine Vollmacht fortschicken, Sachen kommen lassen. Gut. Er äußert den Wunsch, einen Brief schreiben zu wollen. Er erfährt zuerst, daß er diesen Wunsch nur zu einer bestimmten Tageszeit haben darf: morgens bei Aufschluß.

Er bezähmt seine Ungeduld, er verlangt seinen Brief am nächsten Morgen. Der Wunsch wird notiert, und im besten Falle am Nachmittag erhält er einen vorgedruckten Bogen, an dessen Kopf sich ein Haufe von Bestimmungen befindet, nebst seinen Personalien, seiner Zellennummer, dem Vermerk »Untersuchungsgefangener«. Er möchte gern einen Briefbogen ohne diese ganz überflüssigen Vermerke, die den Empfänger gar nichts angehen und ihm einen Makel vor seiner Verurteilung schon aufdrücken, haben, aber das muß er erst beantragen. Wird es genehmigt, so muß er, hat er Geld, dieses Papier für sich kaufen lassen, hat er kein Geld, auf dem abgelehnten Bogen an irgendeinen Freund schreiben und um anständiges Briefpapier bitten. Er wird schon in etwa ein bis zwei Wochen, wenn alles klappt, seinen eiligen Brief schreiben dürfen.

Er erfährt aber aus dem Vordruck dieses Briefbogens, daß er nur auf den Linien, nicht am Rande, nichts dazwischen schreiben darf, daß er mit vier Seiten Klein-Oktav auszukommen hat, daß ihm ein größerer Bogen im allgemeinen nicht bewilligt wird, daß er sich möglichster Kürze zu befleißigen hat, und was derartig lächerliche Bestimmungen mehr sind.

Ihm ist vielleicht bei seiner Einlieferung sein Geld beschlagnahmt worden, dann hat er wenig Aussicht, daß der endlich fertige Brief auch zur Post kommt. Für einen ersten Brief zahlt offiziell der Staat das Porto, aber wie oft wird das »vergessen«. Oder der Brief wird beschlagnahmt. Dann bekommt er entweder Nachricht – schon vier Wochen später –, während er mit verzehrender Unruhe auf Antwort wartet, oder er bekommt im Interesse der schwebenden Untersuchung keine Nachricht. Beides ist möglich, er weiß nie, was geschehen wird.

Unter den Bestimmungen, die den Briefkopf zieren, fehlt nämlich die wichtigste: daß der Untersuchungsgefangene nichts über seine »Sache« schreiben darf, eine in der Praxis bestehende Bestimmung, die ihm verbietet, seinen Angehörigen über den Grund seiner Verhaftung, über seine Rechtfertigung zu schreiben.

Ein anderes Beispiel: Er hat etwas zu rauchen bekommen, ein Besuch hat Zigaretten für ihn abgeliefert. Aber der Besucher hat nicht bedacht, daß der andere im Gefängnis sitzt, er hat nicht an das »Feuer« gedacht. Hat der Gefangene Geld mit ins Gefängnis gebracht, so ist er verhältnismäßig günstig daran, er braucht nur bis zu jenem einen Wochentag zu warten, an dem er seine Wünsche nennen darf. Dann werden Streichhölzer für ihn von seinem Gelde gekauft, und drei bis neun Tage, nachdem der Wunsch entstanden ist, wird er ihm schon erfüllt.

Besitzt er freilich kein Geld, so bleibt ihm nichts wie der Schwindelweg durch die Kalfaktoren, jene Mitgefangenen, die die Flure reinigen, das Essen austeilen. Da zahlt er dann seine Zinsen. Als ich noch grün war, bekam ich für eine Zigarre drei Streichhölzer.

Selbstverständlich riskiert er aber dabei, daß ihm, wird sein Tauschhandel entdeckt, sein Rauchvorrat beschlagnahmt, seine Raucherlaubnis für dauernd entzogen wird, denn er hat sich ihrer ja unwürdig gezeigt, hat sich gegen das heilige lautere Gesetz der Gefängnisbestimmungen vergangen.

Eine andere sinnreiche Verordnung sagt, daß der Gefangene, wenn er nicht krank ist, am Tage nicht auf seinem Bett liegen darf. Am Tage hat das Bett an der Wand hochgeklappt zu sein. Krank ist man nur, wenn ein Arzt dies bestätigt hat. Ist man krank, aber noch nicht beim Arzt vorgeführt worden – in vielen Gefängnissen kommt der Arzt nur ein- bis zweimal wöchentlich –, so darf man sich beileibe nicht hinlegen, Strafen drohen, Szenen werden gemacht.

Natürlich gibt es alle diese Schwierigkeiten – und ihre Zahl ist Legion – nur für den Neuling. Der erfahrene Gefängnisinsasse, der schon öfter eine Untersuchungshaft hat ertragen müssen, kennt den Dreh. Er hat es überhaupt nicht nötig, sich zu beschweren. Die Art, wie er seine Zelle in Ordnung hält, wie er sein Essen in Empfang nimmt, mit den Kalfaktoren spricht, den Wachtmeistern antwortet, verrät sofort den alten Knastschieber, mit dem kein Wachtmeister anbinden mag, weil das viel zuviel Ärger bringt.

Aber der Neuling muß die ganze Schwere der Haft fühlen. Mehr als dies: Es ist häufig das Opfer der Wachtmeisterlaunen, dieser schlecht bezahlten, gehetzten, nervösen Leute, die gerne einmal ihren Ärger an einem wehrlosen Opfer austoben. Ein besonders beschämender Fall ist mir hier in Erinnerung.

Die einzige Abwechslung im endlosen Tage des Untersuchungsgefangenen ist die Freistunde. Dann werden die Leute für eine halbe Stunde an die frische Luft gelassen, wo sie in drei Schritt Abstand hintereinander die bekannte Galgenpromenade absolvieren dürfen. Natürlich ist dabei das Sprechen verboten, aber ebenso natürlich wird dabei gesprochen. Wer erwischt wird, bekommt einen Anranzer und wird, läßt er sich wieder ertappen, aus der Reihe genommen und an irgendeiner Wand zum isolierten Spaziergange angesetzt. Das ist wenigstens die Regel, ich erlebte aber schon in den ersten Tagen eine Ausnahme.

Vor mir ging ein kleiner magerer Jude, wie ich bald erfuhr, ein Dentist, der eine Steuer nicht bezahlt hatte, zu Haft verurteilt war, dann doch bezahlt hatte, aber, ehe die Zahlung noch eingegangen war, verhaftet wurde. Nun saß er hier und bemühte sich vergebens, seine Frau zu benachrichtigen, damit sie mit dem Abschnitt der Zahlkarte zu der betreffenden Stelle ginge. Er saß hier für eine Schuld, die er, wenn auch verspätet, bezahlt hatte, sah mit jedem Tag seine kleine Praxis mehr schwinden und mußte hilflos ertragen, daß die Behörde Geld und Strafe schluckte.

Natürlich war er unendlich erregt, froh, einen Hörer gefunden zu haben, und schwatzte darauf los. Er machte es noch nicht einmal besonders grob, fünf, sechs Schritt vor jedem Wachtmeister brach er ab, um erst nach einer Respektspause wieder anzufangen. Aber er mißfiel einem dicken, schnauzbärtigen Wachbeamten, höchstwahrscheinlich, weil er Jude war – die meisten Beamten sind als ehemalige Unteroffiziere Antisemiten –, er bekam seinen Anschnauzer.

Zwei, drei Runden war er still, aber dann litt es ihn nicht mehr, er mußte ein paar Worte noch sagen, und wieder war er beobachtet worden. Er hatte aus der Reihe herauszutreten, ein ganzer Hagel von Schimpfworten ergoß sich über ihn, und er wurde auf seine Zelle abgeführt, war um seine Freistunde gekommen.

Der nächste Morgen. Mein Mann geht wieder vor mir, mit gesenktem Kopfe, sichtlich entschlossen, kein Wort zu sprechen. Aber das hilft ihm gar nichts, die andere Partei ist ebenso entschlossen, ihn wieder anzupöbeln. »Sie haben mit Ihrem Hintermann geredet. Ich habe Sie gestern schon verwarnt« usw. usw.

Der Dentist will protestieren, schon führt man ihn ab. Am nächsten Morgen dasselbe Schauspiel. »Das nächste Mal stecke ich Sie nun aber in Arrest!«

Den hat der Wachtmeister gefressen, heißt es bei uns, und man sieht ihn verschwinden, bleich, vor Wut zitternd und empörend niedergeschrieen.

Ich habe ihn nicht wiedergesehen. Hoffentlich hat er seine zehn oder zwölf Tage Haft noch durchgehalten. Aber er war einer jener Kandidaten für Selbstmord, denen es trotz »humanen« Strafvollzugs so gar nicht im Gefängnis gefallen kann.

9. Der Tabak

Als ich in jener Septembernacht von einem Kriminalbeamten verhaftet auf meine Zelle gebracht wurde, erfüllte mich ein verzehrender Durst nach Alkohol. Ich hatte seit fünf oder sechs Stunden nichts mehr getrunken, und ich meinte, krepieren zu müssen, wenn ich keinen Alkohol bekam. Kaum konnte ich den Morgen erwarten, um mich zum Arzt zu melden. Aber als dann der Morgen mit seinem braunen Kaffeewasser und dem trockenen Kanten Brot kam, meldete ich mich doch nicht vor. Irgendwie hatte das neue Milieu meinen Widerstand wachgerufen. Ich wollte keinen Alkohol mehr, ich wollte jetzt eine lange Haft, um mich für dauernd vom Alkohol frei zu machen.

Und das ist mir auch gelungen. Während meiner ganzen Haft hat mir die Sucht nach Alkohol kaum Schwierigkeiten gemacht, und ich bin so gründlich geheilt, daß ich heute, wenn es sein muß, mein Glas Bier oder Wein mittrinke, aber – der Alkohol hat jeden Reiz für mich verloren, ich fühle mich wohler ohne ihn.

Statt dessen quälte mich vom ersten Tage an eine andere Sucht: der Hunger nach Tabak. Es ist eigentlich kaum verständlich, daß ich die schwerere Sucht ohne viel Beschwerden überwand, während ich über die kleinere nie Herr geworden bin. Vielleicht liegt das daran, daß ich all meinen Willen für den Kampf gegen den Alkohol aufsparte, vielleicht auch daran, daß ich die Gefährten im Gefängnis sämtlich unter der gleichen Entbehrung leiden sah. Der Schrei nach Tabak ist der Schrei aller Gefängnisse, aller Zuchthäuser, aller Strafanstalten, und die Begierde nach ihm ist die eigentliche Antreiberin zu all jenen heimlichen Schiebergeschäften, die das feine Überwachungssystem der Strafvollstreckung immer wieder täuschen. All das Befördern von Kassibern, der Handel mit Geld, mit Kleidern, mit Lebensmitteln, Seife, all das ist nur Begleiterscheinung jenes primären Bedürfnisses nach Tabak.

Als ich auf meine Zelle gebracht wurde, hatte ich nicht eine Zigarette bei mir. Der Morgen kam, der Nikotinhunger kam, und das erste, was ich zu einem Mitgefangenen, zu einem blau gekleideten Kalfaktor sagte, war: »Kamerad, hast du einen Zug?«

Ich hatte einen Augenblick abgepaßt, wo der Wachtmeister eine Zelle nebenan aufschloß, aber der Blaue machte nur eine unwirsche Bewegung, ich bekam nichts. Meine Bettelei um einen Zug wiederholte sich nun bei jedem Aufschluß, und aus der unwirschen Geste der Kalfaktoren wurde bald Hohn, offener Spott. Sie zeigten mich dem Wachtmeister als denjenigen, der durchaus einen Zug haben wollte. Ich sah, von ihnen war nichts zu bekommen. Entweder hatten sie selbst nichts, oder sie gaben nichts ohne Gegenleistung her – und was für eine Gegenleistung ich ihnen hätte bieten sollen, ahnte ich damals noch nicht.

In diesen ersten Tagen am Alex kam ich tatsächlich mit niemandem zusammen, es gab keine Freistunde, und so hätte ich mit meinem Nikotinhunger kläglich Schiffbruch erlitten, wenn mir nicht bei einem nochmaligen Durchsuchen meiner Taschen zwei Zigarettenmundstücke in die Hände gefallen wären. Ich riß aus einem Handfeger eine lange Borste und steckte sie in die Bohrung des Mundstücks. Als ich sie wieder herauszog, saß sie voll von dem dicken braunen Niederschlag des Tabaks. Es schmeckte gallenbitter, aber es tat so gut, so gut, der ganze Körper genoß diesen klebrigen Saft und beruhigte sich.

Immerhin war ich vorsichtig genug, mir zu sagen, daß der Saft in den Mundstücken nicht unerschöpflich sei. Und da nicht abzusehen war, wann ich Tabak bekommen würde, gönnte ich mir die Wohltat eines solchen Haares mit Nikotinbrühe nur alle drei, vier Stunden.

Dann kam mein Verhör bei der Kriminalpolizei, und das eine Gute hat es doch gehabt, daß es annähernd fünfzig Zigaretten in meinen Besitz brachte. Als ich mich umziehen mußte, listete ich aus meinem Koffer zwei Schachteln mit Zigaretten und eine mit Streichhölzern in meine Unterhosen. Diese Wohltat, als ich wieder in der Zelle war, als der feine wohlriechende Duft meine Lungen ganz füllte, Vergangenheit und Zukunft schienen gleichgültig vor dem Glück dieser Sekunde, und das Gefängnis war gar nicht schlecht, da es solche Genüsse brachte.

Aber was sind fünfzig Zigaretten für einen leidenschaftlichen Raucher! Sie waren längst zu Ende, noch ehe ich vom Alex fortkam, wenn ich auch die Goldmundstücke sauber aufdrehte und ihren Inhalt in einer Hülle aus Zeitungspapier rauchte. Ich kehrte wieder zu den Mundstücken und dem Besenhaar zurück.

Dann kam der Transport nach Moabit, und während dieses Transportes wenigstens hatte ich zu rauchen, soviel ich wollte. Wir waren zwanzig, dreißig Mann im Grünen August, alle aufgeregt vom Wechsel. Den meisten waren mit ihren Sachen auch die Rauchwaren für den Transport ausgehändigt worden. In Moabit sollte alles wieder abgegeben werden, so rauchten sie mit göttlicher Gelassenheit darauf los, verschenkten mit heiterem Eifer.

Ich stopfte, was ich bekam – und das war nicht wenig – in die Unterhosenbeine, in die Strümpfe, und es ist mir wirklich gelungen, trotz allen Unkens der andern die kostbare Fracht nach Moabit einzuschmuggeln. Ich übertrat damit ganz geflissentlich die Verordnungen der Justizverwaltung, aber leider sind diese Verordnungen nun einmal so eingerichtet, daß jeder Gefangene sie übertreten muß. So war dafür gesorgt, daß man Kamerad seiner Leidensgefährten wurde, man fühlte sich bald eins mit ihnen in dem Widerstand gegen ein System, das kleinlich, schikanös und geistlos war.

In Moabit ging es mir besser, hier war Freistunde, hier kam ich mit andern zusammen, und fast jeden Tag gab es wenigstens ein paar Stummel, aus denen zu Feierabend eine Zigarette gedreht wurde. Und ging alles schief, so warf ich mich auf das »Kippenstuken«, einen gefährlichen, spannenden Sport, den ich jede Freistunde ausüben konnte.

Das war so: Der Hof, auf dem wir unsere Freistunde absolvierten, wurde vor uns von den Großen Herren, den gewaltigen Verbrechern, benutzt, die nicht wie wir kleines Vieh in einer Horde von dreißig, vierzig Mann unter Aufsicht von drei, vier Wachtmeistern hintereinanderzotteln durften, sondern die einzeln, höchstens drei, vier Mann stark, unter strengster Bewachung und wirklich (annähernd) durchgeführtem Schweigegebot spazierengingen.

Diese hohen Herren durften natürlich rauchen – das durften wir nur auf der Zelle –, und sie hatten auch zu rauchen. Und da sie keine Stummel, die wir Kippen nannten, zu sparen brauchten, so warfen sie sie auf den Hof. Diese Kippen sammelten wir nun auf, stukten sie, was sagen will, daß man sie en passant, beiläufig, als wäre was am Schuhwerk oder an den Strümpfen zu richten, aufhob. Die eigentliche Gehbahn war immer rasch abgesammelt, aber da waren noch die Stummel, die in der Nähe der Wachtmeister, die außerhalb des Kreises lagen.

Das war der Unternehmungslust des einzelnen, seinem Wagemut überlassen. Die ganz schwierigen hob man sich bis zuletzt auf. Beim Einrücken gab es oft etwas Gedrängel, man konnte zwei, drei Schritte beiseite machen und den kostbaren Zentimeter Tabak ergreifen. Welch Glück, wenn man fünf, sechs Kippen gestukt hatte! Das war eine ganze Zigarette, und ein Tag war gut, an dem man eine Zigarette hatte, ein Tag war schlecht, an dem es gar nichts gab.

Aber auch hier zeigten manche Wachtmeister ihre Schweinischkeit. Sie merkten sich die Sammler, warteten ruhig bis zum Schluß der Freistunde, ließen einen dann aus der Reihe treten, die Taschen umdrehen und das Gesammelte auf die Erde werfen. Nicht genug damit, hatte man es auch sorgfältig zu zertreten, damit es ja kein anderer wieder nehmen konnte. Nach einem solchen Auftritt war man von Wut erfüllt, schwelgte in Rachegedanken und verhöhnte das weise Palaver der Strafvollzugsordnung, das von Besserung sprach. Schöne Besserung, die solche Schikanen duldete.

Aber auch gegen diese Wachtmeister gab es ein Mittel: Man steckte die gefundenen Kippen einfach in den Mund. Dort waren sie sicher, sie hielten als Kautabak auch viel länger vor, und so habe ich denn, trotz meines anfänglichen Ekels, auf diese Weise endgültig das Priemen gelernt.

10. Das Urteil

Der Verhandlungstag ist der große Tag im Leben des Gefangenen. Ehe er endgültig für kurz oder lang in die große Anonymität der blauen oder braunen Tracht untertaucht, ist er noch einmal ganz er selbst. Richter, Staatsanwalt, Schöffen, Verteidiger, die Leute im Zuschauerraum, der Aufmarsch der Zeugen: Sie bringen ihm noch einmal die Erinnerung an seine bürgerliche Welt. Er kann von sich reden, endlich wieder einmal ist er eine Persönlichkeit, alle sprechen sie von ihm, alle denken an ihn. Und dann die Aussicht auf den Kampf bei vielen, die einen Freispruch für möglich halten.

An jenem Märztage waren wir drei Mann, die abgeurteilt werden sollten. Beim Hausvater machten wir unsere Bekanntschaft, wir wurden eingekleidet, bekamen unsere Zivilkleidung wieder. Wie fühlte man sich, als man den knapp sitzenden Anzug statt der viel zu weiten Gefängnistracht anzog!

Ich hatte die letzten Wochen, seit ich wußte, daß mein Termin anstand, eine schwere Sorge gehabt: Mein weißer Stehkragen war in der Zeit, die ich am Alex und in Moabit noch in Zivil zubrachte, schwarz geworden. Ein Antrag, ihn zum Termin auf meine Kosten waschen zu lassen, war mir abgelehnt worden. »Sie können von uns ein Halstuch bekommen.«

Daß es grade mein Wunsch war, vor den Zeugen meiner ehemaligen Zeit mit einem blaugewürfelten Gefängnishalstuch zu erscheinen, konnte ich nicht behaupten. Aber ich war kein völliger Neuling mehr. Ich setzte mich mit meinem Kalfaktor in Verbindung, gab meine Wünsche betreffend Größe und Form des Kragens an, und aus irgendeinem Winkel des Gefängnisses, von einem Mann, den ich nie gesehen, kam durch eine Kette von Vermittlern genau der Kragen, den ich haben wollte: blütenweiß, wie neu. Es war kein billiger Kragen, er kostete zwei Pakete Tabak und drei Rollen Priem. Aber ich bekam ihn, wie man alles bekommt im Gefängnis, wenn man nur zahlen kann.

Im Grünen August schloß ich Bekanntschaft mit meinen beiden Leidensgefährten, einem jungen Menschen von zwanzig Jahren und einem alten grauen wohlgenährten Fünfziger. Beide waren fest überzeugt, freigesprochen zu werden, sie waren vollkommen unschuldig. Der junge Mensch, ein Schustergeselle, sollte Selterswasserbuden und Rauchwarenkioske aufgebrochen, der alte, ein Schlachtermeister, mehrere Leute mit wertlosen Hypotheken betrogen haben. Ich schien der einzige, der mit seiner Verurteilung rechnete, und wurde mitleidig belächelt, daß ich nicht geleugnet hatte.

»Leugnen mußt du, jedem Zeugen ins Gesicht sagen, daß er lügt, daß du ihn nie gesehen hast. Niedriger wird die Strafe dann allemal.«

»Wenn man nur wüßte, wie der Richter gefrühstückt hat.«

»Darauf kommt alles an. Und ob seine Olle ein bißchen nett zu ihm war.«

»Ich komme zuerst daran«, meinte der Schlachter. »Wenn ich nur nicht Jürß kriege! Jürß verknackt immer.«

»Das ist gar nichts. Aber in Reichenbach hatten wir einen Richter, der immer besoffen war. Der hat mal aus Versehen einen Zeugen verurteilt statt des Angeklagten. Nichts war zu machen. Urteil ist Urteil.«

»Na, erlaube mal ...«

Erregter Disput, ob der Fall möglich sei.

Wir kommen in die Wartezelle des Amtsgerichts. Ein kahler Raum, nur eine Bank an der Wand. Die Wände bekritzelt. Der Schlachtermeister rast auf und ab. »Wenn man nur wüßte, was es für Zeit ist. Ich muß noch mal schei...«

»Warte doch den Augenblick«, meine ich. »Wenn du vorgeführt wirst, sagst du es dem Wachtmeister.«

»Ich kann nicht warten. Ich kann nicht. Ich muß sch.....«

Wir hämmern gegen die eisenbeschlagene Tür. Der lange Gang draußen hallt und dröhnt. Niemand kommt.

Als wir uns umdrehen, hat der Schlachtermeister schon seine Hosen abgeknöpft. Und will in die Ecke.

»Halt!« schreie ich. »Du willst doch hier nicht auf den Boden! Da ist eine Zeitung.«

Ich kriege sie noch grade unter ihn. Dann klackert und fließt es. Der Schlachtermeister ist schneeweiß. Immerzu flüstert er: »Wenn er man gut gefrühstückt hat! Wenn er man gut gefrühstückt hat!«

Der Schuster und ich sehen uns an. Schließlich ist der Strom versiegt. Das Papier wird zusammengedrückt und, so gut es geht, durch die Lüftungsklappe geschmissen. Es geht nicht sehr gut, und in der Zelle stinkt es fürchterlich.

»Du hast ja schönen Schiß in den Hosen«, sagt der Schuster herausfordernd. »Wir dürfen nun aufriechen, deinen Dreck, was?«

Der Schlachter antwortet gar nicht, sieht uns böse an, rennt auf und ab, bleich, flüsternd.

»Du bist ja unschuldig«, sag ich. »Wirst freigesprochen.«

»Wenn er aber nicht gut gefrühstückt hat?« flüstert der. »Oh, Gott, was mach ich?! Was mach ich?!«

Endlich kommt der Wachtmeister. »Rudszki, Sie sind dran. Himmel, stinkt das hier!«

»Können Sie nicht das Fenster aufschließen?«

»Fenster aufschließen ist verboten.«

Unterprima Totleben

1

Willy Jensen streifte den Ärmel seines Sakkos zurück und stellte durch einen nicht sehr verstohlenen Blick auf seine Armbanduhr fest, daß immer noch drei Minuten vergehen mußten, bis es zum Schulschluß läutete. Drei tödlich langweilige, drei endlose Minuten –!

Max Martens sah aus dem geöffneten Schulstubenfenster in die noch leeren Kronen der Akazien und dachte an den Band Hofmannsthal, der ihn daheim erwartete. Die grelle Stimme von Professor Graumilch, der seiner Obersekunda den Brief des Cicero an Atticus aus dem Jahre 65 erläuterte, drang nur aus weiter Ferne an sein Ohr: Jetzt beschäftigte Martens der Gedanke, wie er seinen Freund Jensen dazu bestimmen könnte, heute nachmittag den Hofmannsthal gemeinsam mit ihm zu lesen.

Auf denselben Willy Jensen war der aufmerksame Blick des vierzig Minuten älteren Zwillings Ernst Deertz, genannt der Oberdötz, gerichtet: Er hatte an diesen Jensen einen Auftrag seines Vaters, Jensen durfte ihm keinesfalls bei Schulschluß entwischen!

Der vierzig Minuten jüngere Zwilling Deertz, genannt der Unterdötz, dachte nur an den heute abend im »Elysium« fälligen Tanzstunden-Abschiedsball.

Alberts besah seinen Bartwuchs im gegen den Rücken des Vormanns aufgestellten Spiegel und erwog eine erste Rasur. Gewisse Befürchtungen vor den Gesichtern im Friseurladen suchte er mit dem Satz zu zerstreuen: Das kann mir ja ganz egal sein, was die für eine Flappe ziehen!

Von Uhnen dachte, in Verbindung mit einem ihm bedingungsweise versprochenen Reitpferd, mit einiger

Sorge an die am nächsten Tage fällige Prüfungsarbeit in Mathematik.

Lauch erwog hoffnungsvoll die Finanzierung eines weiteren Besuches bei der dicken Kellnerin im »Goldenen Hut«.

Der Rest der Obersekunda döste – allein der Primus Albin Klepper verfolgte mit Aufmerksamkeit die Ausführungen von Professor Graumilch.

»Die Sinnesart der Pomponia und ihres Gatten, des Quintus, scheint nicht sonderlich zueinander gepaßt zu haben. Einerseits war Quintus von einem fröhlichen und sorglosen Temperament, andererseits erweckt es den Anschein, als sei er reizbar gewesen, zur Eifersucht geneigt und …«

Die Schulklingel gellte!

Mit einem ihn selbst überraschenden Knall schloß Willy Jensen seinen Cicero.

Von dem Geräusch des sich so laut schließenden Buches peinlich verletzt, ließ Professor Graumilch die begonnene Periode unvollendet. Er richtete den Blick seiner kugligen, hinter den gewölbten Brillengläsern matten Augen in die Richtung, aus der das widrige Geräusch gekommen war, und rief, die Finger der linken Hand in den grauen Strähnen seines Vollbarts:

»Welcher Schüler hat sich erfrecht, den Unterricht vor seinem Lehrer abzubrechen –?! Sehen Sie mich nicht so unschuldig an! Ja, Sie meine ich, Sie, Uhnen, Alberts, Lauch, Klepper, Jensen –! Denn bei Ihnen knallte es vom mißhandelten Cicero! Der Schuldige wird doch wenigstens den Mut haben, sich zu seiner kläglichen Freveltat zu bekennen! Er gestehe, er melde sich, er sage: Ich war es –!«

Der Schüler Willy Jensen reckte, sitzen bleibend, den Finger hoch und rief mit kläglicher Stimme: »Ich war es, Herr Professor!«

Als die Obersekunda ihren anerkannten Führer und heimlich bewunderten Elegant Jensen sich gebärden sah wie einen mutlosen Sextaner, brach sie in ein brüllendes Gelächter aus. Nur des Primus Albin Klepper Gesicht blieb ernst, er war noch beleidigt, weil der Lehrer ihn unter den Verdächtigen genannt hatte.

Professor Graumilch war aufgesprungen. Mit seiner schwachen, bläulich geäderten Gelehrtenfaust schlug er auf das Katheder, das aber nur einen sanften Laut von sich gab.

»Ich gebiete Ruhe! Hier gibt es nichts zu lachen! Stehen Sie wenigstens auf, Jensen! Nehmen Sie die Hände aus der Tasche! Warum haben Sie den Unterricht durch diesen – Knall unterbrochen? Gestehen Sie!«

»Der Pedell hatte zum Schulschluß geläutet, Herr Professor«, sagte Jensen unverlegen und vollkommen höflich.

»Und wer beendet den Unterricht, der Schüler oder der Lehrer?« rief Professor Graumilch empört. Er verwirrte sich unter dem gelassenen Blick des Schülers, er war sich klar, nicht ganz logisch zu sein. »Das Zeichen des Pedells ist eine Erinnerung an den Lehrer …« Wie immer, wenn er sich erzürnte, wurde er nur noch verwirrter. »Ich will sagen, es bleibt in das Belieben des Lehrers gestellt … Der Schüler hat keineswegs ein Recht …« Froh der Unterbrechung, fuhr er auf Martens zu: »Was wollen Sie, Martens? Warum unterbrechen Sie mich –?!«

Aufgeregt stieß Max Martens hervor: »Ich wollte nur melden, daß auch ich meinen Cicero zugeknallt habe, Herr Professor!«

Mit bleicher Entschlossenheit sah er den Lehrer an.

In Jensens Gesicht stieg eine leichte, ärgerliche Röte.

»Rede doch keinen Kohl, Max!« rief er über die Bänke dem Freunde zu. Und erklärend zum Professor: »Er will sich bloß opfern! Ich allein habe den Cicero zugeknallt!«

Mit zitternder Stimme rief Martens dagegen: »Ich habe ihn auch zugeknallt, Willy! Bestimmt, Herr Professor!«

Mit lächelndem Auge, plötzlich besänftigt, blickte Professor Graumilch von Jensen zu Martens, von Martens zu Jensen.

»Ich will solchen Opfermut nicht tadeln«, sprach er milde, »vermag ihn aber hinwiederum auch nicht zu loben, denn eine Lüge bleibt eine Lüge!«

»Ich habe nicht gelogen, Herr Professor!« beharrte Martens erregt.

»Die Möglichkeit ist gegeben«, erklärte Professor Graumilch, »daß Sie Ihren Cicero ein wenig später zuknallten, nicht wahr, Martens –?«

Martens errötete. Die Röte breitete sich immer stärker über sein bleiches Gesicht aus. Die ganze Klasse sah auf ihn, er schämte sich entsetzlich. Um so stärker errötete er. Heute abend in meinem Bett werde ich mich noch zehnmal mehr schämen, dachte er verzweifelt.

»Wie dem aber auch sein möge«, fuhr Professor Graumilch in seinen sorgfältig gebauten Perioden fort, »Sie, Martens, sollten Ihren Opfermut besser an ein sorgfältig ausgearbeitetes lateinisches Skriptum wenden, auf daß die nahende Osterversetzung Sie nicht von Ihrem Freunde Jensen trenne, während andrerseits Sie, Jensen, sich nicht durch eine sowohl leichte wie glückliche Auffassungsgabe zu einer gewissen Leichtfertigkeit verleiten lassen sollten! Gedenken Sie des Mannes Catilina, der auch von höchst glücklichen Geistesgaben war, aber durch Zügellosigkeit auf den Weg des Unheils geführt wurde, die ihn noch heute in den Augen der gesamten Menschheit als ein wahres Scheusal erscheinen lassen –!«

Professor Graumilch holte Atem. Dann sah er auf seine dicke, silberne Taschenuhr, lächelte überrascht und sagte: »Ich sehe soeben, dank Ihrer vorzeitigen Unterbrechung, Jensen, ist es bereits ein Uhr vierzehn Minuten! Einige von Ihnen werden das heimische Mittagessen zu spät erreichen. Der Unterricht ist geschlossen!«

2

In den tosenden Lärm der auf den Flur stürzenden Obersekunda quietschte Egon Lauch: »Ruhm sei dir, Jensen! Dank dir hat Saumilch vergessen, uns Schularbeiten zu geben!«

Er bekam einen kräftigen Knuff vom Unterdötz. »Halt

doch bloß den Rand, Mensch! Saumilch ist doch noch in Sicht!«

Martens hatte sich an Jensen herangemacht, der eilig in seinen Mantel fuhr.

»Bist du mir böse, Willy –?«

»Ich dir –? Red doch keinen Unsinn! Aber laß lieber solche Sachen, sie gelingen dir doch nur schief!«

»Na schön, ich werde mich bessern.« Max Martens lächelte verlegen. »Du, Willy, kommst du heute nachmittag, vielleicht um vier, zu mir? Ich habe ein neues Gedicht von Hofmannsthal, ›Der Tor und der Tod‹ – ich sage dir, einfach hinreißend!«

»Heute nachmittag –? Natürlich! ›Der Tor und der Tod‹ – klingt einfach großartig! Bin Punkt vier bei dir!«

»Aber versetz mich nicht wieder wie das letzte Mal!«

»Wenn ich dir sage, Punkt vier, kannst du dich drauf verlassen! Servus, Max, ich muß machen –!«

»Servus, Willy! Also um vier, ich freu mich!«

Er sah mit seinen kurzsichtigen, dunklen Augen dem Freunde nach, der eilig die hallende Steintreppe hinunterlief. Dann setzte er mit einem Seufzer die orangefarbene, mit einem Silberstreifen gezierte Obersekundanermütze auf – trotz der Andeutung von Professor Graumilch bestand alle Wahrscheinlichkeit, daß er sie in zwei Wochen gegen die orangefarbene mit einem Goldstreifen der Prima vertauschen würde.

Er nahm die Schultasche unter den Arm und hinkte ein wenig mühselig die Treppe hinunter. Der Fuß schmerzte heute wieder stärker, obwohl die Ärzte behaupteten, er sei seit dem Unfall völlig wieder in Ordnung. Aber an all derart Widriges wollte er heute nicht denken, auch nicht an die gräßliche Blamage eben vor der ganzen Klasse. Er wollte sich nur darauf freuen, daß Willy Jensen heute um vier zu ihm kam und daß sie gemeinsam »Der Tor und der Tod« lesen würden.

3

Als Willy Jensen aus dem Portal des Gymnasiums trat, sah er die Zwillinge Deertz wartend an dem Auto ihres Vaters stehen.

Sofort hatte er das Gefühl, daß die beiden auf ihn gewartet hatten und etwas von ihm wollten. Wäre er seinem ersten Impuls gefolgt, so hätte er kurz rechts kehrt gemacht und wäre ihnen aus dem Wege gegangen. Denn wenn die Klasse auch wenigstens Ernst Deertz, dem Oberdötz, etwas mehr Intellekt zugestand als seinem Bruder Heinz, so entsprach dieses geistige Mehr doch noch lange nicht den Ansprüchen des führenden Drittels in der Obersekunda, das unter sich gewissermaßen eine verschworene Geheimclique bildete, während die andern zwei Drittel nur die in kühlem Abstand gehaltene Misera plebs abgaben.

Aber es lag in der von Natur her liebenswürdigen Veranlagung von Willy Jensen, alle Schroffheiten zu vermeiden; am liebsten ging er den Weg des geringsten Widerstandes. Er mochte mit niemandem, selbst mit einem Gleichgültigen oder Geringgeachteten nicht, in Unfrieden leben.

So schritt er auch jetzt, nach einem ersten kurzen Zögern, auf die beiden zu und fragte, etwas überlegen lächelnd: »Na, ihr beiden Dötze –? Ihr seid wohl auf die Kateridee gekommen, mich in euers Vaters Prachtwagen nach Haus zu fahren, damit mir die ernsten Vorhaltungen meines alten Herrn über Unpünktlichkeit und Unordnung erspart bleiben?«

Alle drei grinsten sich an, und auch am Volant der Chauffeur des Fabrikbesitzers und Kommerzienrates Deertz grinste sachte vor sich hin.

»Na ja!« sagte der Oberdötz mit seiner groben, grade aus dem Stimmbruch gekommenen Baßstimme. »Das könnten wir auch tun. Natürlich gerne, Jensen. Aber der Casus knusulus ist der, daß du lieber gleich mit uns fährst, unser Vater hätte dich gerne einmal gesprochen.«

»Euer Vater –? Seltsame Mären fürwahr tischst du meinem Ohr auf, Knabe –! Ich hatte doch noch gar nicht das Vergnügen, euerm alten Herrn vorgestellt zu werden!«

»Eben darum! Er hätte dich gerne mal kennengelernt! Komm, steig ein, Jensen!«

»So einfach ist dies nun doch nicht, Fant! Nach dem Satz vom zureichenden Grunde hätte ich gerne erst mal gewußt, warum euer alter Herr plötzlich solch dringendes Verlangen spürt!«

Er sah von einem zum andern. Der Unterdötz versuchte ein neues Grinsen, der Oberdötz sah verlegen drein.

»Und zum zweiten«, fuhr Jensen fort, »muß ich jetzt unbedingt den schlichten, aber bürgerlichen Mittagstisch erreichen. Valete, adulescentuli!«

»Jensen!« sagte der Oberdötz bittend. »Du tust uns wirklich einen Gefallen! Mein Vater erklärt dir das viel besser ... Komm, mach zu, du bist doch sonst nicht so!«

»Aber mein alter Herr ist leider so!« erklärte Jensen, jetzt völlig entschlossen, diese unübersichtliche Sache abzulehnen. »Heiliger Zeus, es ist schon fünf nach halb zwei – Servus, meine Teuren!«

Und er lief eilig von ihnen fort – ihr klägliches Geschrei für nichts achtend.

4

Auf seinem, nun wirklich stürmenden Heimweg hatte Willy Jensen noch immer eine leise Hoffnung gehegt, sein Vater, der Oberlandesgerichtsrat und Zentrumsabgeordnete Jensen, werde heute auch nicht zur Tischzeit zu Haus gewesen sein – vom Gericht oder seinem Mandat abgehalten. Aber schon vor dem Klingeln hörte er die kräftig rollende Stimme seines Vaters, und die Erkundigung bei der öffnenden »Fee« war eigentlich unnötig: »Gewitterluft, Minna –?«

»Machen Sie bloß schnell, Herr Willy! Herr Rat ist schon so böse –!«

»Heiliger Jupiter tonans!« seufzte Willy und wusch sich über dem Küchenausguß eilig die Hände. »Hat er wenigstens schon mit einem von den andern geschimpft, Minna, daß ich nicht die ganze Ladung kriege?«

»Herr Rat ist schon seit ganz früh böse. Oh, Herr Willy, er ist schon ganz früh aufgestanden und hat gemerkt, daß Sie alle nicht in der heiligen Frühmesse waren, auch Frau Rat nicht – und Frau Rat hat schon vor neun hier bei mir in der Küche geweint ...«

»Bis dat, qui cito dat, o edler Erzeuger! Minna, ich gehe, jetzt kannst du Mannesmut sehen! Ich gehe, dem Tyrannen ins Auge zu schauen!« Plötzlich kläglicher: »Aber schlauer wäre ich mit Deertzens gefahren – es geht nun doch in einem hin!«

Er ging leise auf seinen leeren Platz – die Geschwister sahen alle stumm auf ihre halbabgegessenen Teller. Er fing einen raschen, kummervollen Blick der Mutter auf, das zornige Auge des Vaters lag voll auf ihm ... Willy faltete die Hände stumm auf der Stuhllehne und verrichtete leise sein Gebet: ziemlich lange.

Es war unterdes totenstill im Zimmer, keines von den fünf Geschwistern rührte sich. Einmal seufzte die Mutter nur leise und schnell; der Vater sah ununterbrochen auf den Sohn.

Als der so lange gebetet hatte, als es nur irgend tunlich erschien, ohne den Vater noch mehr zu reizen, trat er rasch vor ihn und sagte: »Ich bitte wegen der Verspätung um Entschuldigung, Vater. Graumilch hat heute ...«

»Du meinst wohl Herr Professor Graumilch –? Ich muß doch sehr bitten!«

»Herr Professor Graumilch hat den Unterricht heute erst um ein Uhr fünfzehn geschlossen. Nachher wurde ich noch von zwei Mitschülern aufgehalten.«

»So!« sagte der Vater sehr kalt. »So!«

Er überlegte einen Augenblick, dann fragte er: »Und warum hat Herr Professor Graumilch den Unterricht heute eine Viertelstunde später geschlossen? Nun –?«

Der Sohn errötete. Er hatte keine Ausrede vorbereitet, er suchte eilig …

Schon sagte der Vater noch schneidender: »Bemühe dich nicht um eine Lüge, deine Beichte wird schon ohnedies zu lang sein! Du hast den Unterricht gestört –?«

Willy warf einen raschen Blick zu den Geschwistern hin. Bruder Bernhard, das Nesthäkchen, der Quintaner, verkroch sich geradezu hinter der Mutter – dieser schmähliche Petzer! Aber noch schmählicher fand es Willy, daß der Vater diesen Petzer ermunterte, belobte, am meisten von seinen Söhnen liebte –!

»Du sollst *mich* ansehen! Warum hast du bei deiner Entschuldigung nicht gesagt, daß du es warst, der die Verspätung hervorrief –?! Nun?«

Der Sohn schwieg. Wie lange noch sollte dieses alberne, entwürdigende Verhör, das aus jeder Kleinigkeit, der strafrichterlichen Leidenschaft des Vaters gemäß, eine Kriminalsache machte, noch weitergehen!?! Das Essen wurde kalt – und er hatte solchen Hunger!

»Du schweigst! Natürlich schweigst du. Eine glatt vorgetragene, oberflächliche Entschuldigung, die gelingt dir! Aber wenn der Sache auf den Grund gegangen wird, bleibt dir nichts als das feige Schweigen des Ertappten. Nun –?«

Wieder schwieg der Sohn. Er wußte ja, jedes Wort von ihm würde diese Szene nur verlängern.

»Es bleibt also bei deinem Schweigen. Gehen wir zur zweiten Frage über: Warum bist du heute nicht zur heiligen Frühmesse gegangen?«

»Ich war so müde. Ich habe verschlafen.«

»Und warum hast du verschlafen? Weil du die halben Nächte mit deinem Freunde Martens aufsitzt und ihr verstiegene sentimentale Verse moderner Atheisten lest! Ich habe mir das lange genug angesehen, ich werde es nicht länger dulden! Heute nachmittag Punkt fünf bringst du mir deine sämtlichen Bücher, die du nicht zum Schulunterricht brauchst, auf mein Zimmer. Einen Teil werde ich sofort verbrennen, den andern in Verwahrung nehmen, bis du ein ordentlicher Mensch geworden bist!«

»Ich bin ein ordentlicher Mensch, Vater –!«

»Nein, du bist es nicht!« schrie der Vater plötzlich los. »Du bist ein zuchtloser Bube! Du denkst, auf Grund deiner glatten Larve überall durchzukriechen! Aber ich werde dich Ordnung und Pünktlichkeit und Zucht lehren! Du bekommst heute kein Essen! Du hast keinerlei Ausgang mehr. Du wirst in meinem Zimmer unter meinen Augen arbeiten ...«

Das Gesicht des Sohnes war jetzt weder glatt noch liebenswürdig. Aber er besaß mehr Selbstbeherrschung als der Vater. Er sagte leise: »Wie du denkst, Vater. Aber so wirst du mich weder Ordnung noch Pünktlichkeit lehren, sondern nur den Haß gegen sie ...«

»Das werden wir sehen«, antwortete der Oberlandesgerichtsrat finster, aber auch ruhiger. »Jetzt noch eine letzte Frage: Wieso läßt du dich durch zwei Mitschüler verspäten, wenn du weißt, daß du pünktlich zum Essen zu kommen hast? Was habt ihr da getrieben? Geraucht, getrunken oder gar –?«

»Es waren die Zwillinge Deertz. Sie warteten mit dem Auto auf mich, sie sagten, ihr Vater wollte mich sprechen.«

»Ihr Vater wollte dich sprechen?« fragte der Zentrumsabgeordnete plötzlich sehr nachdenklich. »Du sprichst doch von Herrn Kommerzienrat Deertz?«

»Natürlich – von dem Ledermenschen.«

»Von wem –?! Ich bitte mir aus, daß du in einem achtungsvolleren Tone von diesem Manne sprichst! Seine Lederfabrik hat Wohlstand in unsere Stadt und in unsern Kreis gebracht! – Seit wann verkehrst du mit seinen Söhnen?«

»Ich verkehre überhaupt nicht mit ihnen!«

»So! Und was wollte ihr Vater von dir?«

»Das weiß ich nicht, sie wollten es mir nicht sagen.«

»Und du hast abgelehnt – einfach abgelehnt?«

»Ich sagte, ich müßte nach Haus zu Tisch.«

»So!« sagte der Vater und schwieg dann.

Sein Blick ruhte noch einen Augenblick gedankenvoll auf dem Sohn. Sichtlich dachte er kaum noch an das unvollendete Strafgericht, andere Gedanken beschäftigten ihn. Er sah seine Frau an und sagte halblaut: »Das kommt mir sehr sonderbar vor, Ilsemarie.«

Dann versenkte er sich in die Betrachtung der Essenreste auf seinem Teller. Auf einen Wink der Mutter fingen die andern Kinder wieder an zu essen.

Willy Jensen stand noch immer in der Haltung eines Untersuchungsgefangenen neben dem Stuhl des Richters. Seine Mutter flüsterte ihm zu: »Setz dich, Willy. Iß!«

Der Sohn sah zögernd auf den sinnenden Vater. Er machte einen Schritt nach seinem Platz hin – und Oberlandesgerichtsrat Jensen blickte auf.

»Dies nun doch nicht!« sagte er unwillig. »Ich muß dich bitten, Ilsemarie, nicht ständig Durchstechereien mit den Kindern zu treiben. Du gehst auf dein Zimmer, Willy ...«

Er wurde unterbrochen. Eilig kam Minna herein.

»Herr Rat, Herr Kommerzienrat Deertz ist eben in seinem Automobil gekommen und läßt fragen, ob er Herrn Rat sprechen kann?«

»Mich?« fragte der Vater und richtete wieder den Blick auf den Sohn. »Mich –?! Ich frage dich, Willy, was hat mir Herr Kommerzienrat Deertz über dich zu sagen –?!!«

»Ich weiß es wirklich nicht, Vater!«

Willy war nicht weniger erstaunt als der Oberlandesgerichtsrat. Noch nie hatte der reiche Fabrikbesitzer das Heim des Richters betreten.

»Nun, ich werde ja hören. – Minna, bitten Sie den Herrn Kommerzienrat in mein Arbeitszimmer. – Du gehst sofort in dein Zimmer, Willy. Und wehe, wenn du mir wiederum nicht die Wahrheit gesagt haben solltest! Bestimmt hast du etwas angerichtet!«

5

Kaum hatte sich Willy Jensen davon überzeugt, daß der Besucher das Arbeitszimmer betreten hatte, so schlich er leise über den Gang in die Küche. Minna war wieder vorne im Eßzimmer, wo sie inzwischen bei der süßen Speise angelangt sein mußten, aber ihr Teller mit Essen stand noch unangerührt auf dem Küchentisch.

Willy setzte sich davor und begann eilig zu schlingen; dabei ließ er seine Augen in der Küche umherstreifen, um weiteren Proviant zu entdecken, den er bei einer etwaigen Flucht mit auf sein Zimmer entführen könnte. Aber wenn auch keine Flucht notwendig wurde: Minnas Essensportion, von der Hausfrau unter den kontrollierenden Augen des Hausherrn am Tisch vom allgemeinen Essen abgenommen, war für seinen sich entwickelnden, siebzehnjährigen Körper viel zu klein.

Auf dem Küchentisch lag noch ein größeres Stück Fleisch – aber an das wagte er sich nicht, trotzdem es nur ein Happen für ihn war. Sicher war es zu kaltem Aufschnitt für den Vater bestimmt. Im Eßzimmer redeten sie jetzt recht lebhaft; seit der Vater gegangen war, hatten alle wieder Mut gefaßt. Ach, dieser ständige Alpdruck der Familie, von Mutter an, dieser Vater, Strafrichter und Tyrann – Willy hatte ihn zwei- oder dreimal bei Verhandlungen im Oberlandesgericht gesehen: Mit den Angeklagten sprach er freundlicher als mit Frau und Kindern, wenn er sie auf Abwegen glaubte.

Überall konnte Willy Jensen ein liebenswürdiger, freundlicher, hilfsbereiter Mensch sein, nur nicht in diesem Elternhause Uhlandstraße Nummer 3! Er hatte nicht einmal mehr so sehr Angst vor seinem Vater, die Zeiten des Zitterns und Weinens und der hilflosen, sich selbst zerfleischenden Wut hatte er – Zeus sei Dank! – hinter sich, aber er war all dieser ewigen Verhöre, dieser Splitterrichterei, dieser ausgerechneten Pedanterie so tödlich müde!

Sollte der Vater ihn schon strafen, da er nun einmal

der Vater war, also der Erzeuger und Ernährer (trotzdem die Frage noch gar nicht entschieden war, ob ein Vater das Recht auf Tyrannis hatte, denn er, der Sohn, hatte ihn sich nicht zum Vater gewünscht) –, aber er sollte doch um Gottes Willen dieses ewige Gezeter lassen, dieses Geschwätz über jeden Dreck! Es war doch wahrhaftig in diesem Hause, als gebe es keine Jugend, kein Leben, kein Hin und Her, keinen blühenden Flieder, kein Lachen. Sondern als sei dieses ganze Dasein nichts wie ein Strafgesetzbuch: Verbote, Übertretungen, Vergehen, Verbrechen, Paragraphen – ein Dreck!

Und daß man nichts dagegen tun konnte, daß man es aushalten mußte, weil nur das bestandene Abitur den Weg in die Freiheit bedeutete ..., daß man so aufgezogen war, daß man nichts anderes leisten konnte, als eben dies Abitur bestehen, wofür man wieder des Vaters Geldbeutel brauchte ..., daß alles Revoltieren nichts nützte, weil der Vater schon einmal gedroht hatte, den widerspenstigen Sohn einfach in ein Priesterseminar zu stecken ..., daß aber vielleicht auch das Abitur nicht die Freiheit bedeutete, weil nach des Vaters Ansicht ein Sohn von ihm nie etwas anderes als Jurist werden konnte, während der Sohn nur an die Medizin dachte ...

Ach, das waren alles so schrecklich ausweglose Gedanken, sie machten das Leben in diesem Hause immer unerträglicher, die Stimmung des Vaters stets verhaßter, die einst innig geliebte, weiche, zwischen Mann und Kindern schwankende Mutter immer gleichgültiger. Daß man sich manchmal sogar wünschte, alles möchte doch zusammenstürzen, seinethalben in einem Erdbeben, oder in einer Feuersbrunst aufgehen, daß alles zu Ende wäre, ganz zu Ende, Ruhe, bloß Ruhe ... Oder daß man, vielleicht noch gerettet, von frischem anfangen könnte, unbelastet von all diesen schrecklichen Gedanken, von diesen bedrohlichen Gefühlen, die doch schlecht waren, so oft man sich auch mit dem Verstande bewies, daß sie ihre volle Berechtigung hatten –!

Minnas Teller ist längst leer, und nun stöbert Willy

Jensen in der Speisekammer herum. Er ist noch nicht annähernd satt. Aber was er dort findet: einen Apfel, einen Brotkanten, einen kleinen Rest Pflaumenmus, das ist auch alles wieder so dürftig wie jedes Ding hier im Hause! Alles ist immer so ausgerechnet, daß es grade von einem Tag zum andern reicht. Gewiß, das weiß Willy auch, bei sechs Kindern, von denen fünf Söhne aufs Gymnasium gehen, reicht das Gehalt eines Oberlandesgerichtsrates nicht weit, selbst nicht vermehrt durch die Diäten eines Abgeordneten. Aber Willy ist überzeugt, daß auch hier sein Vater des Guten zuviel tut: Er ist nicht nur sparsam, er ist geizig. Bestimmt legt der alte Herr noch Geld auf die hohe Kante, Willy hat ihn ein paarmal aus der Stadtbank herauskommen sehen! Aber die Fleischscheiben werden papierdünn geschnitten, die Brotscheiben zugeteilt – ein verlorengegangenes Taschentuch wird zum Verbrechen!

Aber was haben wir hier –?! Was entdecken wir hier in der äußersten Ecke, wohlverborgen zwischen Teebüchse und Mehltönnchen?! Wahrhaftig, noch ein ganzes Stück von dem Rinderschmorbraten am Sonntag – sicher hat sich den die alte Minna beiseite gestopft! Willy überlegt nicht einen Augenblick, er beißt sofort von dem Stück Fleisch, das vielleicht noch ein gutes Pfund schwer sein mag, ab. Das Fleisch ist angetrocknet, sehr fest und zäh, aber seine jungen Wolfszähne schaffen es spielend. Es schmeckt köstlich, er beißt ab und kaut. Er kann gar nicht schnell genug kauen, während er noch kaut, gelüstet es ihn schon wieder, von neuem in das Fleisch zu beißen. Und als nur noch etwa ein Viertelpfund da ist, schiebt er es auf einmal in den Mund. Da steht er, er kaut mit beiden Backen, fünf viertel Pfund Rinderschmorbraten, Reichtum der Erde, Glück –!

Er steht noch so da, als er ein Geräusch in der Küche hört, und als er den Blick auf ihre Tür richtet, sieht er dort seinen Bruder stehen, das Nesthäkchen Bernhard, den Quintaner, den Petzer, der ihn halb schadenfroh, halb ängstlich betrachtet …

Mit drei langen Schritten ist er bei dem Bruder, der vergebens zu flüchten versucht. Er packt ihn am Arm, er versenkt seine Fingerspitzen kunstgerecht in den Bizeps des Knaben, er gibt ihm einen Muskeltriller, von dem das Bürschchen aufquiekt. Reden kann Willy dazu noch nichts, er kaut und schlingt immer noch an seinem Rinderschmorbraten.

»Läßt du mich gleich los!« wimmert Bernhard, sofort Tränchen in den Äuglein. »Ich schrei so, daß Vater aus seiner Stube kommt! Und dann erzähl ich ihm, daß du dir auch Essen geklaut hast!«

»Höre, du jämmerlicher Helot!« sagt Willy drohend und versenkt seine Fingerspitzen nur noch schmerzhafter in den Muskel, spielt gierig mit diesem zuckenden, feigen Stück Fleisch. »Wenn du mich noch ein einziges Mal beim Vater verpetzt, ich gebe dir mein heiliges Ehrenwort, ich bringe dich als unheilbaren Angeber vor die Triumvirn der Prima und lasse dich von der ganzen Penne in den großen Verschiß tun!«

»Das tust du nicht! Das wirst du nie tun! Das gibt Otto schon nicht zu! Du blamierst ja unsere ganze Familie!«

»Die blamierst du, Angeber! Und Otto ist einverstanden, ich habe schon mit ihm geredet. Also, du weißt Bescheid – ich habe dir mein Ehrenwort gegeben!«

»Ich habe Vater gar nichts gesagt – und ob du Essen klaust, das mach mit Mutter und Minna aus – mir ist das so egal! Ich –«

»Du weißt Bescheid! Dir wird es ganz gut tun, im großen Verschiß zu sein, wenn keiner auf der ganzen Penne mehr mit dir spricht, keiner mit dir auf einer Bank sitzen will, alle vor dir ausspucken ...«

Er läßt den Bruder los, sieht ihm noch einmal drohend ins kläglich bleiche Gesicht und geht eilig auf sein Zimmer.

6

Bruder Otto, der älteste, der Oberprimaner, lag hingefläzt auf seinem Bett und blinzelte ihm nur schläfrig zu.

»Na –?« fragte er. »Hast du wirklich nichts mit den Dötzens, Willy?«

»Soweit meine Wissenschaft reicht, nicht! Ist der Olle noch immer beim Ollen?«

»Noch immer. Sie murmeln aber so leise, man kann nischt hören am Schlüsselloch. Ich tippe auf Politik.«

»Ach nee. Und was habe ich mit Politik zu tun?«

»Kann man nie wissen – alles und alle haben mit Politik zu tun.«

»Wie sieht er denn aus?«

»Wer?«

»Der oberste Oberdötz!«

»Ach der? Wie ’n besserer Handwerksmeister am Sonntag!«

»Er soll Geld noch und noch haben. Seine Villa ist einfach pompös, Otto! Und er hat drei von den sieben Autos im Städtchen!«

»Weiß ich alles, Willy! Er soll sich jetzt sogar so ’n neues Dings gekauft haben, einen Autobus.«

»Autobus –?«

»Ja, Pferdeomnibus, aber als Auto, eben ohne Pferde!«

»Das gibt’s auch schon?«

»Es gibt mehr Dinge zwischen Himmel und Erde –«

»Geschenkt! Heb doch mal den Kopf hoch, Otto!«

»Was grabbelst du eigentlich ewig in meinem Bett rum, Willy?! Unterlaß das gefälligst, würde Vater sagen.«

»Ich versteck meine besten Gedichtbücher. In deinem Bett sind sie sicher. Du hast dich noch nie mit Versen beschmutzt!«

»Gott sei Dank! Aber ich bitte mir aus, pack mir keinen Dehmel ins Bett! Ein Dichter mit so ’nem dehmligen Namen muß aufs Hirn wirken.«

»Dir schadet er bestimmt nichts mehr. Höre, Otto, ich habe eben in der Küche ein bißchen revidiert –«

»Das ist doch selbstmurmelnd – wenn du bloß was gefunden hast!«

»Und da hat mich Bernchen wieder erwischt …«

»Der Goldjunge muß Staatsanwalt werden! Der klappt immer alle! Der ist nur geboren, um andere reinzulegen!«

»Ich habe ihm geschworen, daß ich ihn vor euch Triumvirn bringe zum großen Verschiß, wenn er mich noch einmal beim Vater verklatscht …«

»Was du ihm erzählst, ist deine Sache. Du weißt, ich gäbe es nie zu, daß einer von der Familie in Verschiß kommt – wir wären vor der ganzen Stadt blamiert! Das geht gegen die Ehre …«

»Weiß ich ebensogut, Otto! Aber wenn du nun so tätest, nur ihm gegenüber, als wärest du einverstanden, würde das Bürschchen doch Angst kriegen. Und ich muß mal ein bißchen Ruh haben, Otto, ich kann Vater einfach nicht mehr hören …«

»Ich höre ihn schon zwei Jahre länger als du, und an mir hat er seine Methode ausprobiert. Na, meinetwegen, ich werde Bernchen einen Wink geben. Und nun sei gefälligst ein bißchen ruhig, ich will mich noch eine halbe Stunde von innen besehen. Ich werde euch Kindern nämlich die Ehre antun, heute abend auf euerm Lämmerhupf zu erscheinen …«

»Ach Gott, unser Tanzstunden-Abschiedsball! Den wird mir Vater bestimmt auch noch verpatzen! Was mach ich nur? Selige Zeiten, da ich noch dachte, ich könnte einfach von hier weglaufen und in Hamburg Schiffsjunge werden!«

»Das möchtest du! Nun aber Ruhe im Vorschiff! Ruhe auf der Back – Kurs auf Kap Finisterra! Willy, wo liegt eigentlich Finisterra?«

»Keine Ahnung! Seit wann gehört Geographie zur humanistischen Bildung?! Schlaf man, Otto!«

7

»Oh, Willy!« sagte die Mutter und kam eilig, mit bekümmertem Gesicht, in das Zimmer der beiden ältesten Söhne. »Du sollst gleich zu Vater kommen! Was hast du da nur wieder angerichtet –?! Herr Kommerzienrat Deertz ist noch immer bei ihm. Daß du uns stets von neuem solche Sorgen machen mußt! Und nun hast du Minna sogar ihr Mittagessen aufgegessen! Minna muß doch ihr Essen haben – wir können sie doch nicht hungern lassen!«

»Sie kann ja meines kriegen!« sagte Willy und schickte sich seufzend an, in des Vaters Zimmer zu gehen.

»Aber deines haben die Geschwister aufgegessen – du solltest doch gar keines haben! Nein, geh noch nicht, kämme dich noch einmal über und wasche dir die Hände. Der Schlips sitzt auch nicht gut ...«

»So viel Aufstand für eines von Vaters Strafgerichten!« murrte Willy.

»Du sollst nicht häßlich von deinem Vater sprechen! Warum sind denn deine Bücherbretter so leer? Ach, du hast wohl deine Gedichtbücher versteckt? Aber so merkt Vater es bestimmt! Geh jetzt schnell zu ihm – ich stelle unterdes welche von meinen Büchern in die Fächer, dann fällt es nicht so auf.«

»Danke schön, Mutter, aber –«

»Ja, ich tu gewiß, was ich für euch kann, aber nun mußt du auch ein bißchen artig sein, Willy!«

»Ach, artig!« brummte Willy, schon auf dem Gang, vor sich hin. »Artig – als wenn man noch ein Baby wäre! Eltern haben von ihren Kindern eine Ahnung –!«

Er klopfte, und des Vaters Stimme rief ganz munter: »Herein!«

Der Oberlandesgerichtsrat und der Kommerzienrat saßen einträchtiglich nebeneinander auf dem arg versessenen Umbausofa, auf dem um diese Stunde nach dem Essen der Vater sonst sein Schläfchen zu halten pflegte. Aber jetzt schlief er nicht, sondern er rauchte, er gab sich dem sonst verpönten Genuß einer Zigarre hin, einer Riesenzigarre mit dicker Bauchbinde, einer richtigen Kommerzienratszigarre, wie Willy ein wenig verächtlich feststellte.

»Das ist mein zweiter Sohn, der Willy«, sagte der Vater heiter. »Mein ältester, Otto, wird jetzt zu Ostern sein Abitur machen. Es besteht wohl kaum ein Zweifel, daß er das Ziel erreicht – wie Sie vielleicht wissen, Herr Kommerzienrat, ist mein Ältester der Primus omnium – der Erste des ganzen Gymnasiums«, setzte er erläuternd hinzu. Es mochte ihm eingefallen sein, daß sein Partner eine humanistische Bildung nicht genossen hatte.

Wie er sich dicketut! dachte Willy voll Verachtung. Na ja, Otto ist immer sein Paradegaul gewesen. Aber daß er Primus omnium ist, dazu hat Vater sicher nichts getan!

Willy sah jetzt auf den Kommerzienrat Deertz, der übrigens bestimmt nichts von einem Handwerker am Sonntag hatte – dies war eine Verleumdung von Otto! Eher sah der Kommerzienrat mit seinem flächigen, bartlosen Gesicht nach einem Hamburger Großkaufmann aus, oder auch nach einem Kapitän, jedenfalls aber nach einem Mann, der sich den Wind um die Ohren hatte wehen lassen und der nun etwas vorstellte!

»Sie haben Glück mit Ihren Söhnen«, antwortete der Kommerzienrat jetzt lächelnd. »Ich wollte, meine Jungen hätten nur ein wenig von den anschlägigen Köpfen der Ihren!«

Der Oberlandesgerichtsrat bewegte die Hände, dieses Lob gewissermaßen zurückweisend, und trotzdem er dabei seinen Sohn ansah, diesen soeben straffällig gewordenen Buben, diesen zuchtlosen, widersprach er dem Besucher nicht.

»Aber«, fuhr der Kommerzienrat ebenso lächelnd fort, »meine Bengel werden immer langsame Köpfe behalten, besonders der jüngere von den beiden, der Heinz, macht mir rechte Sorgen. Er ist wirklich schon beinahe ein bißchen zu dumm fürs Gymnasium – Sie nennen ihn ja wohl auch den Unterdötz, nicht wahr?«

Und er sah Willy lächelnd an.

»Mein Sohn bestimmt nicht!« beeilte sich der Oberlandesgerichtsrat zu versichern. »Ich hasse die törichte Einrichtung der sogenannten Spitznamen. In diesem Hause werden sie nie gebraucht!«

Der Kommerzienrat begnügte sich mit einem Lächeln, das wiederum mehr an Willy gerichtet war. Mit diesem Lächeln, das da sagte, wir wissen es besser, machte er den Sohn gewissermaßen zu seinem Mitverschworenen.

Aber gleich wieder ernster geworden, fuhr er fort: »Sie schreiben da morgen die mathematische Prüfungsarbeit, wie mir Heinz berichtet hat, und es scheint sich da hauptsächlich um irgendeinen fabelhaften Lehrsatz zu drehen, irgend etwas Triginomisches oder Trigonometrisches – ich verstehe nicht die Bohne davon ...«

Jetzt lächelte der Oberlandesgerichtsrat den Sohn an, als fordere er ihn auf, sich mitzufreuen über diese unglaubliche Unwissenheit des Emporkömmlings ...

Aber der Sohn sagte ganz ernst: »Ich weiß schon, Herr Kommerzienrat. Es handelt sich um die vier Funktionen Sinus, Tangens, Kosinus, Kotangens für spitze Winkel und um ihre Anwendung auf das rechtwinklige Dreieck.«

»Das ist es!« rief der Kommerzienrat erfreut aus. »Und mein armer Heinz behauptet nun, Sie seien der einzige Mensch auf der weiten Welt, der ihm den Satz noch einpauken könne bis morgen früh. Sie könnten so fabelhaft erklären ...«

»Aber nein!« sagte Willy verwirrt und verlegen. »Ich kann das unmöglich in ein oder zwei Stunden. Wir haben über ein halbes Jahr daran geackert, wissen Sie, Herr Kommerzienrat, und der Unterdötz hatte schon vorher nicht viel kapiert –«

»Willy!« rief der Vater mit streng mahnender Stimme.

»Ich meine natürlich, der Heinz Deertz hat überhaupt noch nichts von der ganzen Trigonometrie kapiert.«

»So klingt es sehr viel angemessener!« sagte der Vater mit strenger Stimme.

»Nun, das werden wir ja sehen«, meinte der Kommerzienrat ganz unbekümmert. »Heinz setzt jedenfalls unbegrenztes Vertrauen in Sie, und auch Ernst meint, Sie würden es schon schaffen.«

»Es ist ganz ausgeschlossen!« fing Willy wieder an. »Das brächte auch der beste Pauker nicht fertig.«

»Willy!« mußte der Vater schon wieder mahnen. Dann sagte er abschließend: »Du wirst jetzt also mit Herrn Kommerzienrat Deertz fahren und wirst dir alle Mühe geben, im Laufe des Nachmittags deinem Mitschüler das fehlende Wissen beizubringen. Aber ich sage dir, mach es dir nicht nach deiner gewohnten Manier zu leicht ...«

»Es ist zwecklos!« sagte Willy trotzig. »Und übrigens soll ich Punkt fünf bei dir sein, Vater!«

»Willy!« rief der Vater noch einmal und diesmal sehr böse. Es mißfiel ihm aufs äußerste, wenn er von seiner Familie auf eine der nicht selten eintretenden Inkonsequenzen in seinen Anordnungen aufmerksam gemacht wurde. Aber er bezwang sich, des Gastes wegen. »Du fährst also jetzt, und ich verlange von dir, daß du bei deinem Mitschüler Erfolg hast.«

Willy begnügte sich damit, die Achseln zu zucken.

8

Aber dann war es doch recht schön, mit dem Kommerzienrat im Auto nach der Villa vor der Stadt hinauszufahren. Willy hatte versucht, unter vier Augen bei diesem entschieden einsichtigeren Herrn noch einmal gegen die erteilte Aufgabe zu protestieren. Aber Herr Deertz hatte nur gesagt: »Darüber sprechen wir nachher, mein Sohn!« und hatte sich in seine Wagenecke zurückgelehnt, die Augen halb geschlossen, sanft an seiner Zigarre ziehend.

Der Wagen fuhr langsam, sehr viel hupend, durch die Stadt. Draußen lag auf Pflaster, Häusern und Bäumen eine zum erstenmal hellere, wärmere Märzsonne, und

Willy sah gespannt durch die Fenster, ob er vielleicht einen Bekannten sehen und, was noch viel wichtiger war, ob der Bekannte ihn im Auto sehen würde. Es war die erste Autofahrt seines Lebens. Da war es kein Wunder, daß er an Elfriede Haase dachte, seine Tanzstundendame, nicht nur seine Tanzstundendame, und daß er den lebhaften Wunsch empfand, sie möchte ihn so in einem Automobil sehen. Aber darauf war freilich keine Aussicht. Jetzt saß sie zu Haus bei ihren Schularbeiten, erst um vier ging sie zur Klavierstunde ...

Der Chauffeur drückte ununterbrochen auf den Gummiball; mit lautem Hupen fuhr der Wagen die kiesbestreute Rampe zur Villa hinauf und hielt.

»Hupen Sie noch einmal kräftig!« ermunterte der Kommerzienrat den Chauffeur. »Wo stecken denn die Bengels?«

Aber auch ein weiteres Hupen brachte sie nicht zum Vorschein. Statt ihrer erschien der Diener, der den Wagenschlag öffnete.

»Nun, Peter, wo sind die jungen Herren?«

»Genau kann ich es nicht sagen, Herr Rat! Entweder sind sie zum Tennisspielen gegangen oder in die Stadt. Sie können aber auch ausgeritten sein.«

»Und ich habe ihnen ausdrücklich gesagt, sie sollten auf mich warten!« sagte der Kommerzienrat. »Na, es ist wohl nur natürlich, daß sie ihrem Vater die unangenehmen Dinge überlassen! Kommen Sie, Herr Jensen!«

Damit ging der Kommerzienrat seinem Gast rasch voran in ein großes Zimmer, ein Zimmer mit vielen Bildern und mit vielen Möbeln, vor allem aber mit dem großen Ölporträt einer jungen Frau, das auf einer mit Samt drapierten Staffelei stand.

»Setzen Sie sich, Herr Jensen – ja, wohl am besten hier an den Tisch. Ich schlafe nur in diesem Haus, mein Leben verbringe ich drüben in der Fabrik.« Und er zeigte mit der Hand durch das Fenster, wo man hinter den noch kahlen Bäumen des Parks zwei hohe Fabrikessen aufragen sah. »Was möchten Sie lieber: Zigarette oder Kognak? Na, ich sehe schon, das war eine dumme Frage, Sie nehmen natürlich beides! Zum Deubel, wo sind jetzt meine Zigaretten?! Die Bengels klauen mir auch alles weg! Wenn ich den Kognak nicht unter Verschluß hielte –!«

Er hatte beides gefunden, goß ein und gab Feuer. Willy Jensen beobachtete ihn schweigend, sehr geschmeichelt und doch abwartend. Er war jetzt fest davon überzeugt, daß von Sinus und Kosinus nicht die Rede sein würde.

»Dies ist ein sehr anderes Haus als das, in dem Sie aufwachsen«, sagte der Kommerzienrat nun und hob das Glas grüßend gegen seinen jungen Gast. »Das da – auf der Staffelei dort – ist meine Frau. Sie ist bei der Geburt der Jungens gestorben. Seitdem lebe ich nur in der Fabrik. Die Jungens müssen allein sehen, wie sie zurechtkommen. Und im allgemeinen geht es auch ganz gut. Es sind keine schlechten Jungen, in ihrer Art. Nur war es natürlich eine Dummheit von mir, sie auf das Gymnasium zu geben. Aber jeder Mensch hat seine Eitelkeiten. Ich bin nur auf eine einklassige Landschule gegangen, Sie verstehen –?«

Er nickte Willy Jensen zu.

Dem war sonderbar zumute, kam es nun vom Kognak oder von diesem so andern Vater her. Es war herrlich, so als Erwachsener behandelt zu werden, das so arg gekränkte Selbstgefühl richtete sich wieder ein wenig auf. Aber noch herrlicher war es zu erleben, daß Väter nicht so sein mußten wie der Vater daheim.

»Ja, im allgemeinen geht alles gut mit den Jungens«, wiederholte der Kommerzienrat und goß ganz in Gedanken die Gläser ein zweites Mal voll, »nur natürlich, wenn sie sich festgefahren haben, kommen sie zu Vater. Und da ist nun jetzt die Versetzung nach Unterprima – die müssen die beiden schaffen, Herr Jensen, sie müssen einfach!«

Willy sah sehr bedenklich drein.

»Es ist diesmal keine Eitelkeit von mir«, meinte der

Kommerzienrat lächelnd, »sondern das soll der Abschluß ihrer gymnasialen Laufbahn sein. Nachher schicke ich sie auf eine Handelsschule, aber dafür brauchen sie die Unterprimareife. Ernst meint nun, er schafft es bestimmt –«

Willy nickte.

»Und Heinz meint, er kommt auch mit Ach und Krach durch, bloß nicht in Mathese. Ich habe schon mit einigen von seinen Lehrern gesprochen. Es wird sich machen lassen, die Herren haben ja auch Verständnis dafür, daß es wenig Zweck hat, die Jungen jetzt grade zum Abschluß reinzulegen. Aber da ist dieser Oberlehrer Laabs. Der ist einfach unerbittlich, der ist entschlossen, den Heinz rasseln zu lassen.«

Willy nickte wieder, aber sehr viel heftiger – auch er kannte Laabs, diesen Lehrer, der die Eigenschaft besaß, in Mathematik Unbegabte zu hassen, mit einem kleinlichen Haß, als seien sie seine persönlichen Feinde ...

»Und weil bei Herrn Laabs gar kein Verständnis zu finden ist, komme ich zu Ihnen, Herr Jensen.«

»Aber es ist wirklich ganz unmöglich, daß ich dem Heinz in ein paar Stunden heute noch irgend etwas eintrichtere, Herr Kommerzienrat!«

»Das verlangt auch keiner von Ihnen. So dumm bin ich doch nicht, daß ich so etwas für möglich halte!« Er wurde nun doch ein bißchen rot, als er seinen jungen Besucher ansah – beide dachten in diesem Augenblick an einen Mann, der es für möglich gehalten hatte. »Um was ich Sie bitte, ist etwas ganz anderes, Herr Jensen!«

Er dachte einen Augenblick nach, dann sagte er lächelnd: »Ich verlange etwas streng Verbotenes von Ihnen. Ihr Herr Vater hat davon natürlich keine Ahnung. Es ist eine Sache allein zwischen uns beiden ...«

Willy fing langsam an zu verstehen, er nickte mit dem Kopf.

»Es kann natürlich auch schiefgehen. Was würde Ihnen wohl geschehen, wenn es schiefginge –?«

»Relegation!« sagte Willy kurz. »Rausschmiß!«

»Nun ja! Aber Sie dürfen sich darauf verlassen, daß ich Sie auch in diesem Falle schadlos halten würde. Es gibt auch sehr gute Gymnasien in der Schweiz ...«

»Ich bin noch nie geklappt worden!« sagte Willy Jensen lächelnd. »Ich habe da eine gewisse Routine. Sie müssen wissen, Herr Kommerzienrat –«

»Sagen Sie doch einfach Deertz!«

»Ich mache eigentlich nie Schularbeiten, Herr Deertz! Das meiste erledige ich während der Schulstunden, Übersetzungen lese ich aus der Klatsche vor. Ich habe nämlich die beste Klaten-Bibliothek auf der ganzen Penne. Ich ...«

»Sie haben eben einen anschlägigen Kopf, Herr Jensen!« unterbrach ihn der Kommerzienrat kopfnickend. »Mein armer Heinz ist sofort bei seinem ersten Versuch mit solch einer Klatsche reingefallen. Also, diesmal verlassen wir uns ganz auf Sie! Nicht wahr, Sie schreiben von neun bis ein Uhr an der Prüfungsarbeit? Ich bitte Sie nun, daß Sie meinem Heinz etwa um zwölf Uhr die Arbeit zustecken, die ganze Arbeit, nicht nur die Lösungen. Er läßt Sie dringend beschwören, die ganze Arbeit, er muß die Ausrechnung auch haben. Mit den Lösungen allein kann der Bengel auch noch nichts anfangen. Vielleicht machen Sie selbst so viel Fehler hinein, daß der Junge grade noch durchrutscht –?«

»Das kann ich alles gut machen«, sagte Willy Jensen bereitwillig. »Um zwölf Uhr kriegt er den ganzen Zimt von mir, Ausrechnung, Fehler, Lösungen, dabei ist gar nichts riskiert. Aber ein Haken ist dabei: Zur Prüfungsarbeit werden wir doch alle anders gesetzt, jeder auf eine einzelne Bank – ich müßte doch wenigstens in der Nähe vom Unterdötz – von Heinz sitzen! Wenn der Zettel erst durch mehrere Hände geht, bleibt er sicher irgendwo hängen!«

»Aber, lieber Jensen!« sagte der Kommerzienrat, vorwurfsvoll lächelnd,

Der kleine Jü-Jü und der große Jü-Jü

Eine Kindergeschichte

Wir haben einen kleinen Jungen, der ist jetzt vier Jahre alt und heißt Achim. Achim, nicht Joachim, denn Joachim hat verballhornt immer etwas Schlafmütziges. Jochen klingt schlafmützig. – Genug mit der Feststellung, daß da der Knabe Achim ist, und irgend etwas Schlafmütziges ist verdammt nicht in seinem Wesen! Im Gegenteil, er ist ein immer beschäftigter, rastloser, eiliger Knabe, stets da und stets schon wieder fort, und ist es lange still um Achim, sitzt Unheil in der Wolke. Lange –? Es ist erstaunlich, wie kurze Fristen er braucht, Unheil anzurichten, das erst in längeren Zeiträumen wieder zu beseitigen ist. Sagen wir, es ist Essenszeit. Die Suppe ist schon aufgefüllt, das weibliche Gewese zieht nach und wäscht sich die Hände, bindet Schürzen ab und richtet sich das Haar. Achim ist bereits vor fünf Minuten aus dem Dorf eingefangen, er ist schon gekämmt und schon gewaschen, und eben noch stand er bei mir am Schreibtisch und wollte, daß ich ihm aus einem Stück weißem Papier mit Hilfe meines Lochers ein Taschentuch mit Lochstickerei herstellte, was ich, mit irgendwelcher Rechnerei beschäftigt, glatt ablehnte. Also – nun ist es soweit, und es ist auch höchste Zeit, sonst wird die schöne Tomatensuppe, die erste frische dieses Jahres, kalt.

Aber – wo ist Achim? Ja, wo ist Achim?! Eben noch hier und jetzt doch fort. Betätigt er sich im Torfmull oder trampelt er den Stallmist fest, immer in der Gefahr, in die Jauche zu fallen? Oder sitzt er mit dem Polen Matjä auf der Scheunendiele, klappt dröhnend mit dem Deckel der Futterkiste, und die beiden, der Vierjährige und der unglaublich dreckige, geierhafte Vierundsechzigjährige, rufen sich zum Dröhnen des Deckels abwechselnd ein Wort zu, das man plattdeutsch »Schiet« schreibt und hochdeutsch in besseren Kreisen offiziell nicht kennt. Zu gut deutsch: die beiden werfen sich aus lauter Lebenslust lachend Scheiße um Scheiße an den Kopf. Oder ist er wieder ins Dorf entwischt, zu seinen Freunden in den kleinen primitiven Arbeiterhäusern, die so unglaublich hochtönende Namen haben, zu Rüdiger und Eckart oder gar zu seiner Spezialfreundin Elvira, die er konsequent »Evivva« nennt?

Ein eiliges Suchen nach dem Knaben beginnt, aber wie so oft sollte man besser nicht in die Ferne schweifen, sieh, das Gute liegt so nah! Das Gute –? Die Mummi findet ihren Achim im Schlafzimmer, ein Schlüssel zum Wäscheschrank hat gesteckt, und nun hat Achim in tiefster Stille und mit unglaublicher Fixigkeit die schöne Ordnung der Wäscheabteile in eine gähnende Leere verwandelt. Über den Fußboden aber des Schlafzimmers liegt ausgebreitet, was so schwer ordentlich zu legen ist, zartfarbige Schlüpfer, Hemden, Büstenhalter … dazwischen ringeln sich wahre Schlangenknäuel von Strümpfen, ein paar Jumper bringen kräftige Farbtöne ins Pastell, und zwischen all dem wirtschaftet mit vor Eifer hochroten Wangen und glückglühenden Augen der Achim und ruft: »Mummi, und wenn Evivva kommt, verkauf ich ihr ohne Punkte, was sie will!«

Die Tomatensuppe war nun doch kalt geworden, und der Achim, der sie aß, hatte keine glückblitzenden Augen mehr, sondern sehr feuchte. – Derart der Achim. Ja, er war immer unterwegs, er hatte viele Freunde (und seine eine Freundin Evivva), und dann war er plötzlich Tage und Tage auf dem Hof, er saß still da in der Sonne, er hatte ein Brettchen und Sand und ein paar Steine, er riß auch ein paar Hände voll Gras aus, Blumenköpfe lagen da, und damit spielte er, Stunden um Stunden, einen Tag, den nächsten Tag und wieder viele Tage.

»Gehst du gar nicht mehr ins Dörp, Achim?« wurde er gefragt.

»Ich arbeite, Papa«, sagte er.
»Was arbeitest du?«

Aber darüber war Genaueres nicht zu erfahren. Es schien sich um einen Acker zu drehen, der gepflügt werden sollte, es schien auch geerntet zu werden, und einmal fiel dann der Name schon: »Der große Jü-Jü kann gut mit Pferden pflügen, Papa!«

»Wer ist denn der große Jü-Jü, Achim? Ein Junge aus dem Dorf?«

»Aber da steht er ja, Papa!« Und Achim zeigte neben sich. Er sah etwas, seine Augen waren strahlend und ernst, ich sagte etwas unbeholfen: »Soso. Ja, natürlich, da steht er ja, der große Jü-Jü«, und ging davon.

Dann, zwei oder drei Tage später, beim Mittagessen war es, daß Achim die grünen Bohnen nicht essen mochte. Etwas nicht essen mögen, gibt es bei uns nicht, es sei denn, es handele sich um Abneigungen, die fast alle Kinder haben. Es gibt nämlich angeborene und es gibt erworbene Geschmacksneigungen. Alle Kinder lieben das Süße, und fast alle Kinder haben eine angeborene Abneigung zum Beispiel gegen Spargel und auch Pilze. Spargel und Pilze müssen Kinder essen »lernen«, bei Kleineren mit Kostgäbchen, vor allem aber durch das Beispiel anderer Kinder bekommt man sie dazu – das Beispiel der Erwachsenen verschlägt bei ihnen nichts. Erwachsene tun so viel Unbegreifliches, die können kein Kind zur Nachahmung begeistern.

Aber jedenfalls: Grüne Bohnen waren zu essen, Achim aber hatte seinen schlechten Tag und wollte sie nicht essen. Er wurde hart bedrängt, und eine schreckliche Sache, wie schlafen nach dem Mittagessen unter Aufsicht des Vaters und mit dem Vater im verdunkelten Zimmer, stand ihm bevor. Der Mund war voll von Bohnen, die Augen schon voll Tränen, der Augenblick, da die fütternde Mummi und der drohend zuschauende Vater die Geduld verlieren würden, nahe, da war es Achim, Achim, der Bedrängte, der Verzweifelte, selbst, der die Rettung fand! Plötzlich sagte er, weinerlich schluckend: »Aber – der kleine Jü-Jü ißt doch auch nicht, Papa!«

Und er sah starr neben mich. Einen Augenblick sahen wir uns zweifelnd an, dann hatte ich so ungefähr begriffen, das heißt, ich sah in einem ersten Lichtschein das Zipfelchen eines großen besonnten Kinderlandes.

»Und der große Jü-Jü, Achim?« fragte ich.

»Der – der ißt natürlich Bohnen!« sagte Achim heftig, und nun waren die Tränen direkt am Losbrechen. »Der ist ja schon fast groß …« Und er sah auf meine andere Seite.

»Dann muß der kleine Jü-Jü sie auch essen«, sagte ich mit Entschiedenheit, »sonst kriegt er Schacht!« Und ich führte den Löffel voll Bohnen in einen imaginären Mund zu meiner linken Seite, dicht über der Tischkante, so hoch, wie ich mir eben den kleinen Jü-Jü dachte. Ich hatte wohl so ungefähr das Richtige getroffen, denn Achim sah gespannt zu, in seinen Augen waren die Tränen versiegt, es war schon wieder Licht in ihnen.

»Jü-Jü«, sprach ich mahnend, »iß jetzt, sonst setzt's was!«

»Siehste, Papa«, sagte Achim voll geheimen Triumphs, »Jü-Jü mag auch keine grünen Bohnen!«

Dies ging zu weit. Dies ging wahrhaftig zu weit! Alles sollte sich der kleine Jü-Jü auch nicht in meinem Hause erlauben dürfen. Ich legte den Löffel mit den grünen Bohnen auf den Teller zurück. Ich holte aus: Mit der linken Hand schlug ich meiner rechten eine schallende Ohrfeige, daß es nur so klatschte. Achim sah mit Begeisterung zu und schluckte dabei schon den zweiten Löffel grüne Bohnen, den ihm seine Mutter geistesgegenwärtig in den Mund geschoben hatte.

»Willst du jetzt essen, Jü-Jü?!« schrie ich zornig und schlug noch einmal und ein drittes und ein viertes Mal. Kinder sind immer begeistert davon, wenn andere Dresche bekommen; das hat, wie man an jedem Kasperletheater sehen kann, nichts mit Schadenfreude zu tun, es ist ein reines Lebensglück für sie. Und Achim war geradezu hingerissen, zumal ich jetzt auch das klägliche Geplärr des kleinen Jü-Jü imitierte.

»Ich will ja die Bohnen essen«, plärrte Jü-Jü, »gib mir doch bloß Bohnen, eine ganze Fuhre voll auf den Löffel!«

Und so aßen sie friedlich jetzt, der kleine Jü-Jü und Achim, der große Jü-Jü selbstverständlich auch. Der war ja schon fast groß und konnte auch schon schwimmen.

So machten wir die Bekanntschaft des kleinen und des großen Jü-Jü, und in ihrem Gefolge tauchten dann noch mancherlei Gestalten auf, die in diese Welt gehörten. Da waren vor allem die Füchslein, die in einer Holzkiste lebten und trotz all meinem Abraten nur mit Heu und Hafer ernährt wurden. Pferde gab es auch, selbstverständlich. Der große Jü-Jü mußte doch Pferde zum Pflügen haben. Manchmal wurden diese Pferde auch wild, aber der große Jü-Jü meisterte sie schließlich doch immer. Oft fuhr er auch mit ihnen in unser Städtchen, dann durften die Fohlen frei nebenherlaufen.

Wir hatten im Dorf einen Bauern, einen Pferdenarren, der zwei Fohlen hatte, eins von fünf viertel Jahren und eins von einem Vierteljahr. Oft hatte Achim auf dem Hof gestanden und den Sprüngen und den so seltsam graziös-unbeholfenen Schritten des kleineren Fohlens zugeschaut. Aber was waren diese Fohlen gegen Achims Fohlen! Er hatte viel mehr, drei oder acht, und vor allem waren sie so, so klein, man konnte es kaum zwischen zwei Fingern zeigen, wie klein sie waren. Achims Stimme wurde ganz hell und zum Zerreißen dünn, wenn er uns begreiflich machen wollte, wie klein diese Fohlen waren. Sie wurden von Milch ernährt, ganz normal, freilich gab es auch hier manchmal Unbegreiflichkeiten, auf denen Achim streng bestand und die ich als Erwachsener nicht begriff, daß sie zum Beispiel Kaffee bekamen.

Mädchen gab es in dieser Welt nicht, aber mit der Zeit erfuhren wir doch, daß die Mutter der beiden Jü-Jüs oben im Dorf lebte. Sie schienen evakuiert zu sein. Einen Vater hatten die beiden nicht, der war im Krieg als Flieger und machte »Kolenzstreifen« am Himmel. Nie änderte Achim diese Angaben, bei den Füchslein mochte eines sterben, oder es waren plötzlich über Nacht neue, winzig kleine angekommen, und die eben noch kleinen waren groß wie Ziegenböcke geworden. Aber an den Lebensumständen der Jü-Jüs änderte sich nie etwas. Vater, Mutter und die beiden Söhne, das blieb, wie es war, unverbrüchlich. Und auch das Verhältnis zwischen den beiden Brüdern blieb das gleiche. Der große Jü-Jü schien ein etwas rauher Bursche zu sein und gar keine Rücksicht darauf zu nehmen, wie winzig der kleine Jü-Jü noch war.

Ich erfuhr von Achim, daß der große Jü-Jü eine Neigung hatte, den kleineren das unreife Fallobst essen zu lassen und selbst das gepflückte zu vertilgen, so daß der kleine Jü-Jü oft Leibschmerzen hatte. Achim mußte sich oft des kleinen Jü-Jü annehmen, er war ja auch noch viel kleiner und hilfsbedürftiger als Achim. Gerade in der ersten Zeit unserer Bekanntschaft lernte er erst das Laufen, fiel oft um. Dann half ihm Achim, nie der große Jü-Jü. Aber der hatte natürlich auch seine großen Vorteile, er war sehr tüchtig in der Feldwirtschaft, riesig stark und der beste Schwimmer und Taucher …

Tage und Tage lebte Achim nur in dieser Welt, die Freunde, das Dorf, die Tiere auf dem Hof, alles war für ihn versunken. Ein Stückchen Kiste, ein bißchen Sand, ein paar Steinchen, Blumenköpfe und eine Hühnerfeder, das genügte ihm, das war seine Welt. Für seinen Vater, der als Bücherschreiber auch meist in erfundenen Welten lebt, hatte dies Knäblein Achim mit seinen vier Jahren und dreiunddreißig Pfund Körpergewicht etwas Erschütterndes. Da ging er in seinem grünen Spielhöschen barfuß durch die Sommersonne, ziemlich groß für sein Alter und sehr mager, auf langen schlanken Beinen, fast schwarzbraun gebrannt, und unter seinem fast weißen Haardach hatte dieses Menschlein sich schon eine eigene Welt erschaffen, dieses Nichts, das ein Schlag zertrümmern konnte, war bereits unter die Götter gegangen und hatte eine Weltenschöpfung hinter sich!

Weiß der Himmel, warum er das tat. Vielleicht genügte ihm die Welt umher nicht, er hatte entdeckt, daß diese tatsächliche Welt ihre Nachteile, ja, geradeheraus, ihre Fehler hatte. Der Peter wollte immer nach seinem Kopf allein spielen, Rüdiger und Eckart zogen den, dem Achim so verhaßten, Kindergarten den selbsterdachten Spielen vor, und Evivva kam von selbst auf nichts, man mußte ihr immer alles sagen, was sie tun sollte. Wieviel vollkommener war da die Welt mit den beiden Jü-Jüs!

Vielleicht aber hing alles auch viel einfacher zusammen. Vielleicht hatte dieser jüngste Sohn einfach eine viel lebhaftere Phantasie als seine Geschwister mit auf den Weg bekommen. Ich sah auf dieses winzige Etwas Mensch mit Freude und Trauer. Würde er eines Tages den Weg seines Vaters gehen? (O nein, nicht den Weg seines Vaters!) Würde auch ihm die Welt, in die er hineingeboren war, nie ganz genügen? Würde auch er die Süße und den Schmerz erfahren, unter Lebendigen zu leben und mit Schatten zu verkehren, Blut nahe sich klopfen zu haben und auf das hartnäckige Pochen im Hirn zu lauschen, das ihn in fremde, einsame Welten verlockte, in denen es totenstill und einsam ist und aus denen man nie wieder ganz in die Welt der Sonne und des reifenden Korns heimkehrt? Und würde diese erträumte Welt beständig und dicht genug sein, ihn für die verlorene zu entschädigen? Würde sie Bestand haben – ein ganzes, langes Leben lang? (Denn es gibt kein Zurück mehr aus ihr.) Oder würde er eines Tages mit leeren Händen dastehen, nicht hier und nicht dort zu Haus?

So ein kleines Stück Mensch, ich denke, etwa einen Meter lang, und hat sich schon seine eigene Welt erschaffen, hat schon seinen eigenen Weg gewählt, hat sich schon getrennt von Eckart, Rüdiger, Evivva, lebt mit dem großen und dem kleinen Jü-Jü! Soll man es still zulassen? Oder ist es noch zu früh? Muß man ihn aufjagen von seinen Steinerchen und Federchen, ins Dorf schikken zu den andern, morgens an die Hand nehmen und selbst unbarmherzig in den verhaßten Kindergarten schleppen, aus dem man sich dann im ersten unbewachten Augenblick wegstiehlt, mit einem schlechten Gewissen, das klägliche Verlassenheitsweinen im Ohr, ob es nun wirklich geweint oder nur eingebildet wurde. Soll man ihn auf den Weg der anderen zurückzwingen? Noch ist es Zeit!

Der Vater denkt, überlegt, er schwankt. Er schwankt –? Ach, der Lügner, er schwankt nicht, er schwankt nicht einen Augenblick, diese Welt der beiden Jü-Jüs hat für ihn selbst etwas so Bezauberndes, daß er es nie über sich brächte, sie zu zerstören!

Wenn der Achim sagt: »Papa, der kleine Jü-Jü hat sich heute früh die Höschen naß gemacht, das darf er doch nicht, Papa! Da muß er doch Schacht kriegen, das ist doch klar, Papa« – dann, ja, dann gibt es keinen Zweifel, kein Nachdenken, kein Überlegen. Diese Welt hat soviel Recht zu existieren wie jede und mehr Recht als manche andere. Es ist, als sollte man einen blühenden Baum umhauen, einen Obstbaum, bloß weil man der Ernte nicht sicher ist! Nie! Nie und nie!

Und es kam dann auch eine Zeit, in der sich erwies, daß es richtig gewesen war, den Baum blühen zu lassen, da die Welt der beiden Jü-Jüs zu einer Hilfe wurde für alle im Haus. Das war jene Zeit, da die Mummi krank geworden war, sie lag oft still im Bett und wußte kaum, was um sie geschah, dann waren alle Haushaltssorgen mit Kindern und Mann sehr ferne von ihr. Zu andern Stunden wieder, wenn das Fieber sehr hochgestiegen war und sie den Kopf ruhelos in den Kissen hin- und herwarf, ängstigte sie sich um das, was aus uns allen werden würde, wenn sie einmal nicht mehr war. Die beiden großen Kinder waren fern von diesem Zimmer auf ihren Schulen, aber dann mußte der Mann an ihrem Bett sitzen, und mit abgerissenen, eiligen Worten, als sei die Stunde des Abschieds schon da, bat sie um dieses und erinnerte an jenes, sorgte sich um alles.

Und schließlich mußte dann der Achim geholt werden, um den sich zu kümmern in diesen Tagen niemand recht Zeit hatte. Aber so sehr sonst nach ihm zu suchen war, so sehr Stille um Achim Unheil in der Wolke sonst bedeutete, so oft man ihn früher durch das ganze Dorf hatte suchen müssen – in diesen Tagen war er immer dicht bei der Hand, auf dem Hof oder im Garten, nicht weiter ging er bis ans Seeufer beim Garten, wo sie ihn vielleicht vom Hüppe-Frosch-Fangen fortholten zu seiner kranken Mummi.

Äußerlich war ihm nichts anzumerken. Es war eben wieder einmal seine Zeit, da er nur in der Welt mit den beiden Jü-Jüs lebte und keine andern Freunde brauchte. Aber das war auch nur äußerlich. Denn man muß wissen, wie stark Achim an seiner Mutter hing, wie er sie mit allen unendlich starken Kräften seines kleinen Kinderherzens liebte. Er konnte im schönsten Spiel sein, ja, er konnte neben seinem großen Freund, dem Gastwirt Paul Köller, über den Acker gehen, hinter den Pferden, die Pflug oder Egge oder Krümmer zogen, er konnte mit seinem Vater eifrig beim schönsten Spiel sein –: Immer kam ein Augenblick, da er plötzlich, stets ohne Übergang und ganz unvermutet sagte: »Jetzt gehe ich zu meiner Mummi«, und kehrt machte er, ließ sich nicht listen noch locken, sondern ging schnurstracks dorthin, wohin ihn sein Herz zog. Dann war es eben wieder soweit, daß er sie sehen und fühlen mußte, die Mutter, und schon, wie er das Wort »Mummi« sprach und den Ton auf »meine« legte, hervorhebend, daß es die seine war, ihm allein gehörig, das sagte vieles.

Wenn er dann aber zu seiner Mutter kam, war er nun nicht etwa musterhaft artig, er erging sich auch nicht in Zärtlichkeit, verlangte nicht nach Küßchen und süßen Worten, sondern der Achim blieb er, und gleich zerriß er eine Tüte mit Grütze oder fing einen Stank an, weil er die Hühnerkartoffeln nicht zermatschen oder aus Briketts in der Küche kein Schloß bauen sollte. Seine Liebe war da, aber sie änderte ihn nicht. Die Nähe der Geliebten genügte.

Und nun holten sie ihn also von seinem Spiel zu der Kranken. Er kam herein, unglaublich schmutzig, wie er nun einmal von seinem Hüpper-Suchen aussah, und gleich mußte die kranke Frau daran denken, wer ihn denn sauberhalten würde, wenn sie einmal nicht mehr war, und ob überhaupt je jemand nach ihm schauen würde, bei seinen gefährlichen Spielen direkt am tiefen See.

»Denn ich kenne dich, die Irene ist noch viel zu jung, und es ist kein Verlaß auf sie, und Frau Ihde hat nun einmal keinen Sinn für Kinder ...«

»Aber ich bin da, Suse ...«

»Ja, du bist da, und wenn du Zeit hast, will ich auch kein Wort davon sagen, dann ist schon alles recht. Aber meist hast du keine Zeit, und wenn du erst ein Buch im Kopf hast, und gar, wenn du erst an der Arbeit sitzest, dann kann die Welt einfallen, und du merkst es erst einen Tag später, daß alle tot sind.« Sie sah mich sorgenvoll an, und dann fragte sie wieder ins Zimmer hinein: »Wo bist du, Achim? Was hast du getrieben, wobei du dich so naß und schlammig gemacht hast?«

Aber keine Antwort kam, denn während unseres kleinen Disputes hatte sich der Achim verzogen, so leise und unbemerkt, wie er das immer tat.

Da war mir wieder alles verkehrt gegangen, und es wurde mir auch gesagt, wie man's jetzt gleich wieder einmal gesehen habe, wie gut ich auf den Jungen aufpaßte. Aber ehe noch diese kleine Predigt abgelaufen war und ich mich auf die Suche nach dem Enteilten hatte machen können, ging die Tür auf, und es erschien wieder der Achim, womöglich noch nässer und schlammiger als vorher, und in der Hand hielt er eine Konservendose, in der nichts war als ein bißchen Gras und Nässe und Schlamm.

»Mummi«, sagte er ganz eifrig, »da siehst du, daß der kleine Jü-Jü auf nichts aufpassen kann. Zu nichts ist er nütze. Ich und der große Jü-Jü, wir haben so schöne Hüpper gefangen für dich, weil der Papa doch gesagt hat, sie schmecken so gut, ihre Schinken – und der kleine Jü-Jü hat nur die Hände drüberhalten sollen, daß sie nicht wieder raus konnten und«, jetzt fing seine Stimme doch an zu wackeln, »und wie wir wiederkommen mit einem ganz großen grünen Hüppefrosch, da«, nun kamen schon die Tränen, »da hat der kleine Jü-Jü die Hände fortgenommen, weil er sich in der Nase pulen mußte – und man darf sich doch nicht in der Nase pulen, nicht wahr, Mummi?! –, und alle Hüpper waren fort, und nun kriegst du gar keinen Froschschinken zu essen, Mummi!«

»Aber ihr habt doch den großen grünen Frosch noch für die Mummi, Achim!« rief ich rasch, denn ich sah, jetzt waren die Tränen am Hervorbrechen, und es erschien mir zum mindesten fraglich, wie solch kindliches Schmerzgeheul auf die kranke Frau wirken würde.

»Aber Papa!« rief Achim empört, »wir mußten doch den kleinen Jü-Jü verhauen, und dabei ist uns der grüne Frosch natürlich auch weggehüppt!« Sein Schmerz drohte ihn aufs neue zu übermannen. »Und nun haben wir gar nichts ...«

»Komm, mein Achim«, rief da die Mutter, »ich darf ja jetzt gar keine Froschschenkel essen, weil die Mummi doch krank ist. Wir wollen uns ein schönes Zuckerei machen lassen, das essen wir gemeinsam. Und dann gehst du raus und tröstest den kleinen Jü-Jü. Ist denn das wohl recht von euch beiden Großen, gemeinsam so einen Kleinen zu verhauen –?!«

Sieh einmal, zum ersten Mal hatte die Kranke wieder den Wunsch geäußert, etwas zu essen, und zum ersten Mal sprach sie den ganzen langen Nachmittag nicht von ihren Sorgen und Befürchtungen, sondern wir redeten mit Achim, solange er es bei uns aushielt, von seinen beiden Jü-Jüs, und sie nahmen immer mehr feste Gestalt für uns an, wurden etwas Wirkliches. Als dann der Achim gegangen war, sprachen wir erst von Achim, dann von unseren Großen, und es fiel mir ein dabei, daß ich mir den großen Jü-Jü fast gleichaltrig mit meinem

Ältesten dachte, aber dunkler, etwas kleiner, dafür stämmiger gebaut. Er ging auch nicht auf eine höhere Schule, sondern war ein richtiger Bauernjunge bei den Pferden und auf dem Acker draußen. Der kleine Jü-Jü aber war ein kleines, zartgliedriges Kind mit ganz hellem dünnem Haar, fast blassen Augen mit bläulichen Schatten darum. Sie gehörten jetzt schon wirklich zu uns, die beiden, soweit hatte es der Achim schon geschafft.

Dieser Nachmittag war ein Sonnenblick gewesen nach vielen grauen Stunden, aber hinter ihm schien es noch dunkler zu werden. Nur auf Zehenspitzen ging man durchs Haus, die Stunden der Apathie wurden fast nie mehr von klaren Momenten abgelöst, und der Achim durfte nicht mehr ins Krankenzimmer. Es kamen die Stunden, da der Atem, nicht nur der Kranken, nein, des ganzen Hauses, das sie so viele Jahre betreut hatte, zu stocken schien. Klar und leer blitzten die Scheiben der Fenster in der hellen Sommersonne, die Blumen standen so sinnlos auf ihren Stielen, und das sonst so geliebte volltönende Summen der Bienen tönte mir wie ein Vorklang jenes Geläutes, das bei unserer kleinen Dorfkirche vielleicht schon übermorgen läuten würde. Stille – und ein stockender Atem. Und wieder Stille, lange, und wieder das Stocken, ganz, wie wenn ein Holzwurm pocht, pocht, und man wartet und hört ihn nicht mehr.

Und in dieses versagende Schweigen, in dem eine unbarmherzige Hand mein Herz immer fester zusammenzupressen schien, in diese Stille wie vor dem Losbrechen eines Gewitters – dahinein klang plötzlich ein Schrei, ein Schrei von Irenes Stimme: »Um Himmels Willen, der Achim ist in den See gefallen!«

Und nun ein schreckliches hohes, mir so töricht scheinendes Jammern. (Sie kann doch schwimmen, die Blöde, warum springt sie nicht nach –??) Aber ich denke an nichts mehr, ich denke auch nicht mehr an die Kranke, ich renne zum See hinunter. Im Laufen reiße und zerre ich an meinen Kleidern, ich renne die jammernde Irene fast um. »Wo?« brülle ich. »Wo?«

Und da sehe ich auch schon eine Weile vor dem Bootsschuppen etwas treiben im Wasser, es treibt, bläulich, das Spielhöschen, noch treibt es, und ist schon fort. Auch ich bin im Wasser. Es ist schon hier, wenige Meter vor dem Bootsschuppen, sehr tief, und ich war nie ein Taucher. Ich bin ein Brillenträger, auch im Wasser, und ein Brillenträger kann nie ein Taucher sein. Es wird mir furchtbar schwer, unter Wasser zu kommen, und als ich dann untergetaucht bin, sehe ich nichts. Das Atmen geht nicht, ich muß wieder hoch und wieder hinunter und verzweifle schon und denke: Es ist schon alles vorbei, es hat ja doch keinen Sinn mehr – da sehe ich plötzlich etwas Helles vor mir treiben im Wasser, und ich fasse zu, und sosehr mich der fehlende Atem quält, so unermeßlich ist das Glücksgefühl in meiner Brust, als ich das Fleisch fühle, das feste kühle Fleisch meines Jungen …

Ach, ich weiß nicht mehr, wie ich hinaufgekommen bin mit ihm ins helle Licht des Sommertages, ich weiß nicht mehr, wie ich ans Ufer kam … Ich legte ihn Suse in den Arm, gemeinsam liefen wir ins Haus hinauf, legten ihn auf ihr Bett, machten unsere Atemübungen, soviel oder sowenig wir davon verstanden – und erst, als das Klopfen des kleinen Herzens lauter, der Atem der Brust wahrnehmbarer wurde, fiel's mir ein und auf, und erstaunt rief ich: »Aber du bist ja auf, Suse! Du lebst, du atmest ja wieder! Suse –!«

Ja, vom Fall ins Wasser hatten zwei das Leben gewonnen, und eine Stunde später war's dann an Achim, zu erzählen, wie er denn überhaupt in den See geraten war. Natürlich war es wieder Jü-Jü gewesen, dieser schreckliche kleine Jü-Jü mit den bläulichen Schatten unter den fast farblosen Augen, der den Vorschlag gemacht hatte, Seerosen zu suchen. Und natürlich war es wiederum der kleine Jü-Jü gewesen, der sich zu weit übergebeugt hatte und ins Wasser gefallen war.

»Aber warum hat denn dieser Jü-Jü Seerosen holen wollen?!« rief ich empört aus, doch wieder einmal recht zweifelhaft, ob diesem Jü-Jü-Unfug nicht doch energisch ein Ende bereitet werden müßte. »Du weißt doch ganz genau, daß ich dir die Seerosen streng verboten habe, Achim.«

»Aber klar, Papa«, antwortet Achim gelassen. »Das weiß ich natürlich. Aber du hast immer gesagt, die Seerosen sind Totenblumen, und der kleine Jü-Jü hat gesagt, die Mummi stirbt noch heute – da mußten wir doch Seerosen holen, aber klar!«

Einen Augenblick war ich so verblüfft, daß ich kaum atmen konnte, dann rief ich zornig: »Jetzt sage ich dir eins, Achim: Diese verdammte Lügnerei mit den beiden Jü-Jüs hört jetzt ...«

Da fiel mein Blick auf die Kranke, die dort wieder im Bett lag – aber als eine Genesende. War es nicht erst anderthalb Stunden her, daß ich an ihrem Bett gesessen, auf das Stocken des Atems gelauscht und die grausame Hand gespürt hatte, die mein Herz immer fester zusammenpreßte? Wer hatte sie genesen gemacht? War es nicht der kleine Jü-Jü gewesen? Unsinn, nein, der war's nicht gewesen, es war Achim gewesen, alles andere war Schwindel, Phantasterei. Aber immerhin ...

»Nun, Papa?« fragte Achim, nicht sehr beeindruckt von meinem Zorn, aber überrascht von der plötzlichen Stille.

»Ach, geh raus«, erwiderte ich ärgerlich, »und spiel mit deinen Jü-Jüs. Das aber sage ich dir: Wenn wieder was vorkommt, versohle ich euch alle drei –!«

Die Geschichte von der großen und von der kleinen Mücke

Die Mücken summen abends am Wasser, es gibt sehr viele von ihnen in diesem Jahre, und besonders in den Stunden der Dämmerung werden sie so blutdürstig, daß man es kaum am Wasser aushalten kann. Das Haus liegt nahe am See, und sie dringen auch zum Hause vor, und brennt abends einer oder eine bei offenem Fenster noch Licht, so ist sein Zimmer sofort von einem feinen Sirren erfüllt, und der Nachtschlaf wird bestimmt sehr unruhig werden.

Als das Haus am See gekauft wurde, bedachten die Käufer vieles, den Zustand des Hauses und der Stallungen, die Lage am Wasser, den Boden auf dem Acker und im Felde, das Alter der Obstbäume, den Zustand der Zufahrtsstraßen, ja, sogar die Charaktere der Dorfnachbarn, aber die Mücken bedachten sie nicht. Die Mücken wurden unbesehen und unbedacht in den Kauf genommen, und dann waren sie plötzlich da, und zu gewissen Zeiten konnten sie einem den ganzen schönen Besitz verleiden. Besonders der Frau, die von jedem stechenden Insekt innig geliebt wurde und deren Beine den ganzen Sommer hindurch blutrünstig waren und blieben.

Manchmal seufzte sie: »Ach, Mann, wenn wir das so vorher gewußt hätten! Ich glaube, wir hätten doch nicht gekauft!« Der Mann aber, der ein starker Raucher war und dessen Blut die Insekten überhaupt nicht sehr liebten, sagte dann bloß: »Aber! Aber! Wie kann man nur so übertreiben! Denk doch an die tausend Vorteile dieses Hauses, und dann dieser eine kleine Nachteil! Ich finde überhaupt, die Mücken lassen von Jahr zu Jahr nach, in diesem Jahr hat mich noch keine einzige gestochen.«

Dann antwortete die Frau nicht mehr, sondern betrachtete nur schweigend ihre blutigen Waden und stellte Betrachtungen über die Torheit der Männer an, aber nur stumm. Denn gegen eine so abgründige Torheit anzureden, wäre Kraftverschwendung gewesen, sie war angeboren, sie war unheilbar, sie war typisch männlich.

Die Mücken aber führten ihre Tänze um das Haus herum in freudig sirrenden Wirbeln auf, sie stiegen, wenn die Luft klar war, bis über die Wipfel der hohen Tannen auf und erfüllten die Luft mit ihrem Getön, und wenn sie der Mann zufällig einmal hörte, so kam ihm das Gesirre wie das Geläute des Sommers selbst vor, und er dachte dann wohl: Was für komische Antipathien doch manchmal meine Frau hat! Diese Mücken – ordentlich schön hört sich ihr Gesumme an. Ist das Geläut der Bienen dunkel und schwer, so singen die Mücken die allerhöchsten, allerhellesten Töne der Lebensfreude! Nein, ich verstehe diese Antipathie wirklich nicht. Außerdem haben wir doch so viele Schwalben!

Und er sah den Schwalben zu, wie sie um das Haus flitzten und sich in die Mückenschwärme stürzten. Er bedachte freilich nicht, daß alle emsige Tätigkeit der Schwalben nicht vermochte, das Sirren auch nur um ein wenig schwächer zu machen, diese Mückenheere waren einfach nicht zu dezimieren!

Es gab aber noch eine Mücke auf diesem Hofe, eine besondere Mücke von vierundvierzig Kilo Gewicht, ein Kind, ein Mädchen, die Tochter des Hauses geradezu, die eben nur »Mücke« gerufen wurde. Eigentlich hieß sie natürlich ganz anders, nämlich Lore, aber bei diesem Namen wurde sie eigentlich von keinem Menschen gerufen, wenigstens von keinem, der sie gern hatte.

Als die Mücke einstens von ihrem geliebten Heimathofe in Pension nach auswärts gebracht wurde, litt sie schrecklich unter Heimweh. Das blühende Kind verfiel immer mehr, von vierundvierzig Kilo konnte gar keine Rede mehr sein, von ihren Kameradinnen sonderte sie sich ganz ab – kurz, es war ein einfacher Jammer, und man dachte schon daran, sie wieder nach Haus zu nehmen. Da kam der Vater dahinter, daß sie in dieser Pension nur Lore gerufen wurde, und er riet der Leiterin, dem Kind ab und an den gewohnten Namen Mücke zu geben.

Aus dem Ab und An wurde rasch eine Gewohnheit, allen gefiel dieser Name für das große Mädchen, schließlich riefen es sogar seine Lehrer so. Und sei es nun, daß es der gewohnte Heimatname machte oder daß sich das Kind einfach eingelebt hatte, von da an blühte es wieder auf, es spielte die Spiele mit, es aß wieder, es hatte Freundinnen. Aus der fremden Lore war eine lachende Mücke geworden!

Der Kindernarr

Als sie einander heirateten, waren beide schon nicht mehr jung, aber das Glück, doch noch einen Gefährten fürs Leben gefunden zu haben, war um so größer. Lange mußten sie auf das erste Kind warten, sie hatten diese Hoffnung schon beinahe aufgegeben und waren dann fast außer sich vor Glück, als aus einer entschwindenden Hoffnung eine feste Gewißheit wurde. Die Zeit der Schwangerschaft war sehr schwer für die Frau, sie wurde so ungewöhnlich stark und schwerfällig, fast jede Verrichtung machte ihr Schmerzen. Vor allem aber umdüsterte sich ihr Gemüt; sie weinte viel, wenn sie mit sich allein war, und war fest davon überzeugt, daß sie ihr Kind nie von Angesicht zu Angesicht sehen würde. Sie erzählte aber weder von ihren Beschwerden noch von ihren Beängstigungen je etwas ihrem Mann, mit großem Mut trug sie alles allein: Sie wollte ihm seine Freude nicht verderben.

Er verlebte diese Zeit der Erwartung wie ein spannendes Abenteuer, dies war eine neue Welt, die er für sich entdeckte. Er neckte seine geliebte Frau gerne mit ihrer Unförmigkeit, und als er herausfand, daß sie sich nicht mehr Strümpfe und Schuhe allein anziehen konnte, kannte sein Entzücken kaum noch Grenzen. Er spielte mit Form und Verehrung ihren dienenden Ritter, machte dabei aber seine kleinen Scherze, die ihr in ihrem schlimmen Zustand oft weh taten.

Die Geburt war schrecklich, es war ein ungewöhnlich kräftiges Kind, das da zur Welt wollte, und die Frau war die Jüngste nicht mehr. In ihren Wehen war sie fest davon überzeugt, daß sie nun sterben müsse, und sie schwor sich heilig zu, es mit diesem einen Kind genug sein zu lassen, wenn ihr noch einmal das Leben geschenkt würde.

Auch von diesen Qualen und von diesem Schwur erfuhr der Mann nie etwas; das Kind wurde in einem Entbindungsheim geboren, und während die Mutter das finster drohende Gesicht des Todes über sich sah, ging der Mann auf den Straßen umher und spann heitere Pläne für die Zukunft des Kindes.

Die Mutter genas, und als sie zum ersten Mal den erstgeborenen Sohn an die Brust legte, waren auf einen Schlag die Qualen der Schwangerschaft und der Geburt vergessen. Sie sah nur das Kindergesicht, und der Preis dafür, den sie hatte zahlen müssen, erschien ihr lächerlich gering. Ein leises Erinnern blieb ihr noch an den Schwur, den sie abgelegt, aber er erschien ihr mehr wie etwas, was man im Traum getan und dessen man sich nur halb erinnert.

Nach einer gewissen Zeit kehrte sie in ihr Heim zurück und nahm ihre alten Pflichten wieder auf. Ihre Erfüllung wurde ihr schwerer als vor der Schwangerschaft, und dazu hatten sich die Pflichten durch das Kind vermehrt. Oft war sie matt und mutlosen Stimmungen leicht zugänglich. Dazu kam noch, daß sie aus einem falschen Pflichtgefühl das Kind viel zu lange nährte: über ein Jahr lang. Es trank ihr die letzte Kraft aus dem Leibe, es saugte ihr das Mark aus den Knochen. Es dauerte sehr lange, bis sie wieder einigermaßen zu Kräften kam.

Der Mann genoß unterdessen den Sohn. Er lebte seinen Geschäften, wenn er nach Haus kam, fand er das kleine Heim blitzsauber wie immer, mit blühenden Blumen und blinkendem Geschirr, und eine ihm immer zulächelnde Frau. Er sah nichts, er ahnte nichts von den Opfern, die seine Frau diese Sauberkeit, dieses Lächeln gekostet hatten. Er widmete jede freie Minute dem Kinde, er lauschte mit gieriger Spannung auf jede neue Lebensäußerung, er fuhr den Sohn selbst spazieren, legte ihm die Windeln um und verging bei der kleinsten

Unpäßlichkeit vor Sorgen und Kummer. Er war natürlich fest davon überzeugt, daß es ein Kind wie das seine noch nie auf der Welt gegeben habe, daß es sich ganz anders entwickele als alle anderen Kinder und daß der Sohn etwas Besonderes sei.

Und in gewissem Sinne hatte er hiermit sogar recht, auch die Mutter sah es. Der Sohn machte nämlich von frühestem Alter an mehr Schwierigkeiten als andere Kinder, er neigte zu maßlosem Trotz und unbändigem Jähzorn. Der Vater sah das als Äußerungen der Lebenskraft des Sohnes an und freute sich darüber, die Frau sah tiefer, sie suchte mit ihrer sanften geduldigen Kraft schon jetzt zu dämpfen und zu erziehen. Es nutzte nicht viel: Das heranwachsende Kind blieb ständig wechselnden Stimmungen ausgeliefert, von dem tollsten Übermut verfiel es in ein fast stumpfsinniges Brüten, es spielte nie mit andern Kindern, und bei seinen kindlichen Beschäftigungen zerstörte es lieber, als daß es aufbaute. Der Vater redete sich jede Schatten- in eine Lichtseite um, die Mutter schwieg dazu, suchte zu mildern und machte sich Sorgen.

Über drei Jahre waren seit der Geburt des Sohnes vergangen, als die Mutter sich wieder schwanger fühlte. Um diese Zeit hatte sie ihren Schwur schon längst vergessen, sie freute sich mit dem Manne, daß sie noch ein Kind haben würde. Aber je weiter die Schwangerschaft fortschritt, um so deutlicher kehrten die Erinnerungen an die Qualen der ersten Schwangerschaft zurück. Nur schien ihr diesmal alles noch schlimmer und schwererträglicher als das erste Mal. Sie ging in ihrer Verzweiflung schließlich zu einem Arzt, und nach einigen Untersuchungen und der Aufnahme von Röntgenbildern wurde festgestellt, daß sie Zwillinge erwartete. Das Ergebnis der Untersuchung teilte sie dem Mann mit, aber wieder nichts von ihren Beschwerden und Ängsten.

Sie wollte ihm seine Freude nicht verderben, wie ein Kind freute er sich auf seine beiden Kinder. Er stellte, um für alles gerüstet zu sein, Namenslisten auf für zwei männliche Zwillinge, für zwei weibliche Zwillinge, für Zwillinge verschiedenen Geschlechtes. Er sah auf seinen Sohn und rätselte, wie die beiden Kinder werden würden, wie das Kaleidoskop der Natur sie aus Vater und Mutter zusammensetzen würde. Auch sie sah auf den Ältesten, aber sie dachte daran, daß sie ihn wohl auf dieser Erde allein lassen würde, nur anvertraut einem närrischen Vater, den seine blinde Liebe zu jeder vernünftigen Erziehung unfähig machte. Sie weinte manchmal, aber sie riß sich immer wieder zusammen.

Sie wußte jetzt, wie leicht eine Mutter alle diese Beschwerden vergißt, wenn sie erst ihr Kind auf dem Arme hält. Und diesmal würden es sogar zwei Kinder sein: doppeltes Glück, leichteres Vergessen. Dieses Wissen half ihr über vieles fort. Aber diesmal konnte sie ihren kleinen Haushalt doch nicht bis zum letzten Tage allein versorgen, auch schien es ihr unmöglich, die kleinen Scherze des Mannes beim Schuh- und Strümpfe-Anziehen mit leidender Miene zu ertragen. Eine Schwester der Frau kam ins Haus und half ihr. Manchmal, wenn die Frau ihre fast ins Groteske verzerrte Gestalt im Spiegel sah, wenn die überlasteten Füße den unförmigen Leib fast nicht mehr tragen wollten und sie vor Schmerzen hätte schreien mögen, und sie sah dann die gedankenlos glückliche Miene dieses Mannes, seine ahnungslose Vorfreude, wallte es bitter in ihr auf: Wie fern sie einander doch waren, wie wenig er von ihr wußte!

Er genoß diese ihre Leidenszeit wie ein großes Glück. Nie dachte er an die Lastentragende, immer nur an die Kinder! Es kam ihr so ungerecht vor, und manchmal war sie in der Versuchung, den Mund zu öffnen und ihm alles zu sagen. Aber sie schwieg, sie schwieg immer weiter. Sie sagte sich auch, daß es wohl vergeblich sein würde, ihn wachzurütteln aus seinem beglückenden Traum. Er würde ihre Ängste mit billigen Tröstungen abtun, und die würden noch schwerer zu ertragen sein als seine kindische Vorfreude!

Und dann kam die Geburt, sie war noch schlimmer

als die erste. Der Frau fiel in den Wehen der Schwur von damals ein, den sie nicht gehalten. Diesmal leistete sie keinen neuen Schwur, aber das war auch nicht nötig: Diese Stunden würde kein Glück vergessen machen!

Sie gebar zwei Mädchen, zwei blühende gesunde Kinder, beide lebensfähig, aber das zweite der beiden Mädchen starb wenige Stunden nach der Geburt – an einer Hirnverletzung durch das zu rasche Passieren der engen Geburtswege.

Dieser Verlust traf diesmal beide Eltern, er hatte die beiden kleinen Mädchen noch lebend gesehen, das Glück, dreifacher Vater nun zu sein, genossen und erst am nächsten Morgen von dem Tode der Jüngeren erfahren. Seine Trauer über die kleine Entschlafene war plötzlich und wild und war dann urplötzlich völlig ausgelöscht von dem Glück über die ihm Verbliebene. Manchmal, lange Zeiten schien es, als habe er völlig vergessen, daß die Überlebende ein Zwilling war, dann fiel es ihm plötzlich ein, und er erzählte es Bekannten, die das kräftige große Mädchen bewunderten, als Merkwürdigkeit, ohne irgendwelche Trauer zu empfinden. Später sollte sich freilich zeigen, daß auch dieser Gedankenlose eine tiefe bleibende Wunde durch den Verlust des kleinen Mädchens erfahren hatte.

Die Trauer der Mutter war sanfter und dauernder. Das Glück an der ihr Verbliebenen überwog. Sie vergaß es nie, daß dieses blühende Kind nur der Teil eines Ganzen war, das sie in sich getragen. Sie träumte oft von der kleinen Verstorbenen, aber diese Träume waren in ein sanftes Licht getaucht und taten nicht weh.

Nach dieser Geburt erholte sich die Mutter nur sehr schwer. Sie mußte lange im Krankenhaus liegenbleiben, eine Thrombose gefährdete eine Zeitlang sogar ihr Leben. Als sie schließlich, Monate später, mit der kleinen Tochter in ihr Heim zurückkehrte und langsam wieder ihre gewohnten Arbeiten eine nach der andern aufnahm, sagte sie zu einer passenden Stunde ihrem Mann, daß sie nun keine Kinder mehr haben dürften. Zum ersten Male erfuhr er, was seine Frau gelitten hatte, wie sie in dringender Lebensgefahr gewesen sei. Seine Bestürzung war groß, die Reue über seine törichte Gedankenlosigkeit vollkommen echt und tief. Wohl war er bekümmert, daß es nun mit »nur zwei Kindern« sein Bewenden haben sollte, er hatte sich vorgestellt, daß alle paar Jahre ein solcher Glückszuwachs sein Heim reicher machen würde, aber er fügte sich widerspruchslos dem Willen seiner Frau und der Ärzte.

Und dann war eben die junge Tochter ins Haus gekommen, es war so viel zu sehen, zu bewundern, zu erleben! Das tröstete ihn über doch kaum erst sehr lebhaft gehegte, nun zerstörte Hoffnungen hinweg. Es zeigte sich, daß der Erstgeborene wirklich schwierig war, er war nicht gesonnen, die Entthronung aus der Alleinliebe seiner Eltern kampflos hinzunehmen. Es gab jetzt wirkliche Erziehungsschwierigkeiten, die auch ein blinder, närrischer Vater nicht mehr übersehen konnte. Er stand jetzt enger an der Seite der Frau, sie mußten vieles gemeinsam besprechen, und er war nicht mehr so gedankenlos töricht wie zuvor, da er jetzt seine Liebe zwischen zwei Kindern teilen mußte.

Und die Jahre zogen dahin, sie wurden beide älter, der Mann wie die Frau, die Kinder wuchsen heran. Es waren beides begabte, gut aussehende und auch gutartige Kinder, nur daß der Junge immer etwas »schwierig« blieb, mit welchem dehnbaren Wort der Vater ausdrückte, daß er den Eltern oft Sorgen machte. Das Mädchen war viel robuster und von einer unzerstörbaren Gutmütigkeit, selbst die hartnäckigsten Quälereien des Bruders konnten ihre gute Laune und ihre Liebe zu ihm nicht länger als auf zehn Minuten trüben.

Und wie die Jahre dahingingen, verwischten sich bei dem Mann immer mehr die Erinnerungen an die Leiden der Frau, die er ja auch nicht erlitten, von denen er nur gehört. Immer häufiger sprach er seiner Frau davon, wenn er seinen Beiden beim Spiele zusah, daß zwei doch eigentlich zu wenig seien, die Gegensätze würden sich besser bei dreien ausgleichen, wie auch die Eifersucht des Kronprinzen sich doch ganz beruhigen werde, wenn er die Liebe der Eltern auch noch einem ganz kleinen, völlig hilflosen Geschöpf zugewendet sähe. Und seltsam: plötzlich tauchte das verstorbene kleine Mädchen bei diesen Reden wieder in ihm auf! Er schien sie doch völlig vergessen zu haben, diese kleine Tote, die nur wenige Stunden gelebt hatte, aber nun war sie wieder da, auch in dem Mann, dem gedankenlosen Mann war die Wunde nie ganz vernarbt.

Er sprach nun seiner Frau davon, daß sie dieses kleine Mädchen doch einmal schon besessen, daß es ihnen gehört hatte. Es wäre etwas anderes gewesen, wäre es tot zur Welt gekommen, aber so hatte es gelebt, es war ihnen durch einen Unglücksfall genommen. Es klang ganz so, als sähe er diesen Eingriff des Schicksals als unberechtigt an, als habe er ein Recht, vom Leben ein Kind als Ersatz für das verlorene zu fordern: wiederum ein kleines Mädchen! Das klang kraus genug, aber er fühlte so.

Das erste Gefühl der Frau bei diesen Reden des Mannes war das einer empörten Ablehnung. Sie hatte ihre Leidenszeit nicht vergessen, und sie wollte nicht noch einmal ihr Leben in Gefahr bringen, sie wollte sich an ihren lebendigen Kindern noch lange erfreuen. Sie wußte es ja von den Ärzten, daß eine neue Geburt eine schwere Gefahr für sie bedeutete.

Aber allmählich, als der Mann immer wieder davon anfing, als er von einfachen Reden zum Bitten und Betteln überging, schlichen sich weichere Gefühle in ihr Herz. Es mußte doch schön sein, in den Jahren, wo die meisten Frauen schon mit der Liebe abgeschlossen haben, noch einmal ein solch weiches, hilfloses Geschöpf an der Brust zu halten, noch einmal das Haus zu vermehren mit dem unvergänglichen Glück, das Kinder schenken, noch ein Stück Unsterblichkeit zu erschaffen!

Und dann dachte sie an diesen Mann, diesen seltsamen Kauz, der alles in Mengen haben mußte: Geld, Bücher, Bilder, Schuhe – nun auch Kinder! Nie war ihm etwas genug. Er berauschte sich am Besitz, nie würde er seine Bücher alle lesen können, nicht einmal im Jahr konnte er alle seine Schallplatten durchspielen – er war ebenso versessen in der Arbeit wie im Genuß, maßlos war er. Und nun hatte es sich dieser Mann in den Kopf gesetzt, noch ein Kind haben zu wollen!

Es dauerte sehr lange, bis sie sich entschloß. Sie nahm sehenden Auges die Gefahr für sich auf sich, aber davon sagte sie ihm nichts. Sie machte ihm ein Geschenk, und sie machte es so, wie man ein Geschenk machen muß: Der Beschenkte darf nie merken, welche Opfer dies Geschenk vielleicht gekostet hat. Seine überströmende Freude rührte sie, dieses Glück, immer wieder dieses gedankenlose, kindliche Glück. Aber ein Wort von ihm, in diesem ersten Glücksrausch gesagt, erschreckte sie: »Wie reich wir sind! Und wir werden noch immer reicher werden!«

Dann begann ihre lange Leidenszeit. Seit der Geburt der Zwillinge waren acht Jahre vergangen, sie war in ihnen nicht jünger und leistungsfähiger geworden. Der Hausstand war größer, die Pflichten zahlreicher und die Kräfte schwächer. Die Elastizität hatte nachgelassen, sie konnte sich schwerer von dem Druck der trüben Stimmungen befreien. Aber sie hatte diesmal ihren Mann zur Seite, und er hatte etwas zugelernt. Wenn er noch Witzchen machte, klang aus ihnen nicht Gedankenlosigkeit, sondern eine echte Dankbarkeit. Zum ersten Mal in ihrer Ehe wurde sie verwöhnt, er fand Worte des Verstehens für ihr Leiden. Und er gab ihr Mut durch sein unerschütterliches Vertrauen auf einen guten Ausgang.

Die schwere Stunde kam, sie war schwer, aber sie war nicht so schwer, wie sie gefürchtet hatte. Sie überstand sie, sie hielt das Kind im Arme, einen Knaben, gut, alles sehr gut. Schneller als nach der letzten Geburt kam sie wieder nach Haus, sie erholte sich auch rascher. Der Knabe war ein großes Glück. Er war wieder ganz anders als die beiden größeren Kinder, so ähnlich er ihnen auch äußerlich war; dieses Kind alternder Leute war von einer unbändigen Lebenslust erfüllt, einem nicht zu stillenden Tatendrang. Es war ihr Mann, der ihr eines Tages sagte: »Die Menschen sagen immer, die Kinder von alternden Leuten werden alt geboren. Sieh dir unseren Jungen an, ob der alt ist! Noch ein Dutzend Kinder können wir haben –!«

Die Frau erschrak zutiefst bei diesem Ausspruch, aber sie beruhigte sich, sie sagte sich: Das hat er nur so hin gesagt. Aber er hatte es nicht so hin gesagt; es verging eine Zeit, und er kam wieder, diesmal mit etwas anderem: »Es ist ja schön, daß es ein Junge geworden ist – bei seinem Temperament! Aber unser kleines verstorbenes Mädchen, das ist das Schicksal uns eigentlich noch schuldig geblieben!« Sie traute ihren Ohren nicht! Dieser verdrehte Mann, ging er nun wirklich umher und rechnete sich neue Forderungen an das Leben aus? Bekam er nie genug? Sie zwang sich zu einem Lachen, sie sagte leichthin: »Und wenn es wieder ein Junge würde, so müßte ich wohl immer weiter Kinder kriegen? Du bist ja verdreht, Mann – auf unsere alten Tage!«

»Dafür würde wohl Rat werden«, sagte er etwas rätselhaft. Und noch: »So alt bin ich übrigens noch gar nicht, ich kann noch ein Dutzend Kinder zeugen!« Damit ging er, und sie sah ihm nach, Furcht im Herzen.

Die Tage gingen und die Monate, und es wurde ein Jahr aus ihnen und auch ein zweites. Die Kinder wuchsen und entwickelten sich und bereiteten viel Freude, auch der Älteste, der Schwierige. Wenn die Mutter diese gesunden, gutgebildeten Kinder ansah, empfand sie ein Gefühl tiefer Freude: Wie glücklich bin ich doch!

Wenn aber der Vater sie ansah, dachte er: Statt drei könnten es sechs sein oder doch fünf oder mindestens vier – aber sie will ja nicht!

Er meinte, sehr geduldig gewesen zu sein, daß er ein halbes oder ein ganzes Jahr von seinen Wünschen geschwiegen hatte; er hatte sie nicht bedrängt, weil er hoffte, sie werde indessen die Beschwerden der letzten

Schwangerschaft völlig vergessen. Aber jetzt spürte er plötzlich das raschere Entrinnen der Zeit, er sah in das Gesicht seiner Lebensgefährtin, in das er so oft geschaut, und er sagte sich: Sie fängt wirklich an zu altern. Und Angst faßte ihn, und er stand da und rechnete: Wenn ich sechzig bin, wird mein Jüngster erst zehn sein, und wenn ich siebzig bin und mein Leben beschließe, wird sein Leben erst beginnen. Will ich noch ein Kind haben, so wird es jetzt die höchste Zeit.

Und er setzte seiner Frau hart zu und bat sie nicht mehr, sondern forderte von ihr ein Kind. Da verlor die Geduldige auch einmal die Geduld, und sie sagte ihm klar, daß sie nie wieder ein Kind tragen würde und daß er närrisch sei mit seinem Sich-Nie-Genügen-Lassen. Sie habe keine Lust, sich noch lächerlich zu machen auf ihre alten Tage! Er aber war nur versessen auf seinen Wunsch, er hörte gar nicht auf ihre Worte, und er verlangte, als sie nicht einen Zoll breit nachgab, sein eheherrliches Recht, das sie ihm nicht verweigern dürfe. Sie aber lachte darüber nur und rief: Er solle sein Recht nur suchen gehen – wo er es wohl finden wolle? Jeder Richter werde ihr bestätigen, daß sie ihre Pflicht und mehr als ihre Pflicht getan habe, elend sei sie dabei geworden. Aber er blieb bei seiner Forderung, und schließlich rief er im höchsten Zorn: »Wenn du mir also keine Kinder mehr schenken willst, so muß ich meinen andern Kindern eine andere Mutter suchen!« Da rief sie dagegen: »Das tu nur, da habe ich doch endlich meinen Frieden vor dir.«

Eine Weile später, als sie beide jedes mit sich allein waren, erschraken sie über ihre eigenen Worte, denn sie hatten noch nie so miteinander gesprochen. Eine Weile gingen sie nur schweigend miteinander um, dann redeten sie wieder miteinander, als hätten sie nie zornige Worte gewechselt. Aber sie hallten nach in ihren Herzen, und die Frau dachte oft mit Eifersucht an den abwesenden Mann, ob er wohl grade jetzt in das Gesicht einer Jüngeren, Schöneren schaue. Denn sie traute ihm in seiner maßlosen Begierde vieles zu. Der Mann aber dachte mit Bitterkeit an die Frau, die ihren Leib der Frucht verschloß, und er machte sein Ohr taub für die Einreden der Vernunft, sie könne vielleicht wirklich in Lebensgefahr kommen, sondern er sagte bei sich: Es ist dreimal gut gegangen, warum soll es nicht auch ein viertes Mal so gehen? Sie will einfach nicht! Und wo er auch herumging und was er auch tat, er haderte mit der Frau.

Aus dieser bösen Saat reifte böse Ernte, sie stritten häufiger und sie stritten immer erbitterter. Zu dem Hauptklagepunkt, nämlich dem geforderten und verweigerten Kind, kamen immer neue Klagepunkte. Sie kannten einander so gut, jeder wußte von den Schwächen des andern, und sie zeigten sie jetzt einander erbarmungslos und zerfleischten einander. Manchmal erschraken sie noch und hielten inne; sie sahen einander ins vertraute Gesicht und gaben sich die Hand und gelobten sich, auf diesem bösen Wege nicht weiterzugehen, sondern von nun an als gute Freunde miteinander zu leben. Aber es gab kein Halten mehr, der Stein war einmal im Rollen, und gleich stürzten sie trotz aller guten Vorsätze und jedesmal tiefer als vorher. Zu Anfang hatten sie es noch fertiggebracht, ihren Zwist vor den Kindern zu verbergen, aber später gelang ihnen auch das nicht mehr, und es kam die schreckliche Stunde, wo sie auch die Kinder in ihren Streit einbezogen, einander die vererbten Fehler der Kinder vorrechneten und um ihren Besitz und ihr Herz kämpften.

Da erkannten sie, daß sie sich trennen mußten, wenn sie nicht auch die Kinder in ihren Ruin einbeziehen wollten. Nachdem sie so viele Jahre – und die schönsten und die wichtigsten dazu! – gemeinsam ihren Weg gewandert waren, mußten sie sich nun trennen. Sie taten den Schnitt, und sie regelten ihre Angelegenheiten, die Frau blieb mit den Kindern im Haus zurück, und der Mann ging in die Welt hinaus. Er hatte manches Abenteuer, aber da er ein alternder Mann war, fand er die Liebe nicht mehr, sondern nur Liebschaften oder die Leidenschaft. Vor allem fand er keine Frau, die er zur Nachfolgerin seiner früheren und zur Mutter seiner weiteren Kinder hätte machen können.

Schließlich saß er müde und vereinsamt in einer großen Stadt und hätte ja nun Betrachtungen darüber anstellen können, daß er bei seinen maßlosen Wünschen nichts gewonnen, aber auch das verloren hatte, was er schon fest besessen: ein friedliches Heim, drei gutgeartete Kinder und eine Frau, die ihn mit allen seinen Fehlern innig liebte. Aber daran dachte er nicht, sondern immer weiter dachte er mit Bitterkeit an die Frau, die durch das Abschlagen eines so berechtigten Wunsches sein Leben zerstört hatte. Das wurde auch erst anders, als er schwer erkrankte, sehr schwer, ja, aussichtslos. Er verlangte immer nur nach seiner früheren Frau, und als eine gewisse Zeit vergangen war, trat sie auch an sein Lager. Sie sahen einander in die alt gewordenen Gesichter, die Tränen brachen aus ihren Augen, die alte Liebe glomm noch immer unter Schutt und Asche. Die Kinder waren groß geworden und brauchten die Mutter nicht mehr, so blieb sie bei ihm und pflegte den Kranken – sie erfuhr bald, daß sie einen Sterbenden betreute.

Er aber war ohne Ahnung von seinem nahen Ende; wie es in der Natur seiner Krankheit lag, fühlte er sich jeden Tag stärker und gesünder werden. Das schönste war, wenn sie still neben seinem Bett saß, er ihre Hand halten konnte und von der wieder gemeinsamen Zukunft sprechen. Ihre Haare waren weiß geworden und ihre Gesichter runzlig, er aber sprach, als hätten sie alle Jugend in sich und alle Zukunft läge vor ihnen. Er sprach davon, daß sie gleich nach seiner Gesundung wieder heiraten würden, er vergaß, daß die Kinder große ernste Menschen geworden waren, die nun selbst schon Kinder hatten, er erkundigte sich nach ihren Spielen und dem Fortgang ihrer Schularbeiten. Er fragte nach dem Heim, er wollte wissen, wie jeder Stuhl stand und ob noch dieselben Bilder an den Wänden hingen. Er machte Pläne für die Spazierwege und hörte schon das Bellen des Teddyhundes, der doch längst, längst gestorben war. Und während er so Pläne für die Zukunft machte, saß sie still an seinem Bett, sie drückte seine Hand, sie antwortete »Ja« oder »Nein« und dabei rannen ihr die hellen großen Tränen unaufhaltsam und mühelos ins Gesicht.

Nach einer Reihe von Tagen kam die Stunde, in der er von dieser Welt scheiden mußte. Und wieder saß sie bei dem ahnungslosen, glücklichen Plänemacher. Er sprach leiser und mühsamer als sonst, und ganz nahe mußte sie ihr Ohr an seinen Mund halten, um ihn zu verstehen. Und in dieser allerletzten Stunde öffnete die knöcherne Hand des Todes auch den geheimsten Winkel seines Herzens, und sie hörte ihn flüstern: »Und dann, Liebste, dann tust du mir noch eine Liebe! Dann schenkst du mir noch ein Kind, du weißt, unser gestorbenes Mädchen. Ich habe mich immer so nach ihm gesehnt!« Da nahm sie ihn in ihre Arme, sie drückte den Sterbenden fest an die alte Brust und sie flüsterte: »Ja, Liebster, ja, ich schenke es dir.«

»Ich danke dir!« flüsterte er zurück und starb, der Kindernarr!

Swenda, ein Traumtorso
oder Meine Sorgen

Ich muß Swenda schon früher gekannt haben, meine Erinnerungen an sie sind aber undeutlich, sie gleichen den Wolkenschatten, die manchmal trotz sonniger Tage auf unseren Seen liegen. Das erste, was ich bestimmt von ihr weiß, ist, daß ich eine altertümliche breite Treppe mit schönen niedrigen Eichenholzstufen emporsteige, sie führt grade auf eine zweiflüglige große Tür zu, die statt der Holzfüllungen durchsichtige Spiegelglasscheiben hat. Sie gleicht der Tür, die in meinem Hause daheim in den Garten führt, nur ist sie viel größer und nicht so schön wie die Tür daheim, diese trägt in den Winkeln des Rahmens häßliche Zierate aus Messing und buntem Glas.

Hinter den blanken Spiegelglasscheiben sehe ich Swenda stehen, die dunklen Locken fallen auf ihre Schultern, sie sieht mir unverwandt entgegen. Ich stehe einen Augenblick still auf dem Treppenabsatz vor der Tür, wir betrachten uns schweigend eine lange Zeit. Dann lege ich die Hand auf die Klinke der Tür. Swenda schüttelt verneinend den Kopf. Und plötzlich fällt mir wieder ein, was ich vergaß, daß ich hier nie wieder eintreten darf, daß ich Swenda einen Antrag gemacht habe und zurückgewiesen wurde, daß hier schreckliche Dinge geschahen, ich erinnere mich ihrer nur undeutlich, sie gleichen den Wolkenschatten, die manchmal an sonnigen Tagen auf den Seen daheim liegen.

Ich wende mich um und steige langsam die Treppe hinunter. Ich gehe durch die Straßen der Stadt, ich komme aus ihr hinaus und aufs freie Land. Langsam gehe ich immer weiter. Ich nähere mich einer Bahnlinie, grade senkt sich die Schranke, die Glocke meldet monoton das Herannahen eines Zuges. Drüben liegt auf einem kleinen Erdhügel das Schrankenwärterhäuschen. Ich lehne mich auf den obersten Baum der Schranke und sehe zu dem Häuschen hinüber. Stockrosen blühen gelb und rosa darum. Aus der Tür tritt ein junges Mädchen, die rote Signalflagge in der Hand. Die dunklen Locken fallen auf ihre Schultern, es könnte Swenda sein, aber ich weiß, es ist Swenda nicht. Ich kenne den Namen auch dieses Mädchens, aber ich kann mich nicht auf ihn besinnen. Und während der Zug schon zwischen uns klappert und stößt, fällt mir ein, daß ich mich auch hier angeboten habe und daß ich auch hier zurückgewiesen wurde. Langsam wende ich mich und wandere zur Stadt zurück, deren Türme, von Sonne umflimmert, über den Feldern aufsteigen.

Ich stehe auf einem großen, holprig gepflasterten Marktplatz und habe eben drei Pferde gekauft. Sie sind unheimlich groß. Wie werde ich sie füttern können? schießt es mir durch den Kopf. Plötzlich erkenne ich sie wieder, es sind die uralten Schinder unseres versoffenen Gastwirts. Da steht er auch schon selbst und lacht mir zu, seine Mundwinkel sind von Tabaksaft gebräunt, er ist unrasiert und schmutzig wie immer. Ich gehe vom Markt in die Stadt hinein, die Pferde, die kein Geschirr tragen, folgen mir willig, einem Gaul ist über die Hinterhand mit einem Riemen meine Tasche mit Zigaretten gehängt. Das eine Pferd ist besonders zärtlich zu mir, es schiebt, während ich immer weitergehe, seinen Kopf schmeichelnd unter meinen Arm; ich gehe etwas seitlich, ich habe Furcht, das Pferd könnte mich mit seinen breiten Hufen auf meinen schmerzenden rechten Fuß treten.

Vor einem großen Haus mache ich halt. Ich gehe hinauf, ich frage, ob Frau St. da ist. Nein, sie ist verreist – aber ein Zimmer ist bereit für mich. Ich gehe hinauf und will mich zurechtmachen, aber ich muß sofort zum Essen kommen. Es ist eine lange Tafel, an der ich Platz nehme, mir gegenüber sitzt ein General. Er trägt einen weißen Leinenanzug, aber ich weiß, daß es ein General ist. Er ist geisteskrank und haßt mich. Er hat einen kleinen, sehr roten Kopf und beobachtet mich aus blutunterlaufenen Augen schweigend. Die Speisen werden sehr schnell serviert und die Teller nicht gewechselt, es gibt weißen gekochten Steinbutt, Hechtschwänze in einem wäßrigen Gelee, Schellfisch mit Senfbutter. Kein Fleisch – man zeigt mir die riesige Speisenkarte, aus der ich sehe, daß heute fleischloser Tag ist. Zum Schluß wird eine große, weiße, marmorierte Eisbombe gereicht. Ich nehme ein großes Stück von ihr und lege es auf meinen schon übervollen Teller. Das Stück Eisbombe zerfließt sofort, es läuft über den Tellerrand fort, der ganze Teller quillt über. Ich spreize die Beine und lasse die Flut zwischen ihnen auf die Erde tropfen. Ich sehe mich schnell um: Die blutunterlaufenen Augen des wahnsinnigen Generals sind starr auf mich gerichtet, die ganze Tischrunde sieht mich schweigend und ernst an. Zwischen meinen Beinen tropft unaufhörlich die Flut von meinem Teller auf den Fußboden.

Mir fällt ein, daß ich vergessen habe, dem Pferd meine Zigarettentasche abzunehmen, ich habe keine Zigaretten bei mir. Ich gehe ans Fenster und öffne es. Die Pferde sind verschwunden, ich weiß, ich werde sie nie wiedersehen. Ich habe nichts mehr zu rauchen. Ich sehe auf den Platz um die Kaiser-Wilhelm-Gedächtniskirche. Die Kirche ist ausgebrannt, die Häuser ringsum liegen in Trümmern, die Straßen sind hoch mit Schutthaufen bedeckt. Kein Mensch ist auf ihnen zu sehen. Es ist ja Krieg, sage ich zu mir, Berlin liegt in Trümmern. Auch das Haus, aus dessen drittem Stock ich jetzt aus dem Fenster schaue, ist von einer Brandmine ausgebrannt, von einer Luftmine zerrissen: Ich selbst habe es in Trümmern liegen sehen, damals, als ich geschäftlich in Berlin war. Ein seltsames Gefühl beschleicht mich. Ich bin mein eigenes Gespenst, denke ich.

Dann entdecke ich einen Automaten mit Zigaretten an der Wand. Ich arbeite an ihm herum, um eine Packung Zigaretten herauszubekommen. »Es ist ja Krieg«, sagt jemand hinter mir. »Das sind ja alles nur leere Schaupackungen.« Aber ich entdecke oben ein Fach mit einer flachen Tür, die sich ohne weiteres öffnen läßt. Auch dieses Fach ist ganz mit leeren Zigarettenpackungen angefüllt, doch finde ich hinter ihnen vier Pakete mit Tabak. Die Steuerbanderolen sind abgerissen. Das ist gut, daß ich Tabak gefunden habe, denke ich, denn ich erinnere mich, daß ich bei Oberpfleger H. wohl noch reichlich Zigaretten habe, aber nur ein halbes Paket Tabak. Ich lege zwei Mark in das Fach für ein Paket Tabak.

Es ist Nacht geworden, die Bogenlampen brennen auf den toten Bahnhöfen, kein Zug fährt mehr, ich fliehe vor meinem Vater. Er ist tot, ich weiß es, aber er ist zurückgekommen, um mich zur Rechenschaft für das zu ziehen, was ich meiner Mutter angetan habe. Er hat nichts Erschreckendes an sich, mein Vater, er sieht frisch aus, der kleine Spitzbart, den ich nur weiß kannte, ist jetzt braun, er geht rasch und mühelos die Straße neben der Bahn entlang, auf meiner Verfolgung. Ich selbst fliehe auf der Bahnlinie vor ihm her. Die Strecken sind eingebombt, aber man hat lange weiße Dachlatten in großen Mengen ausgelegt, auf denen ich rasch halb dahinlaufe, halb fliege. Mein Vater ist längst außer Sicht gekommen; als die jetzt abgedeckte Strecke stark zu steigen anfängt, weiß ich, daß ich abbiegen muß, dann findet mich mein Vater nie.

Ich trete in ein Haus und klingele an einer Tür auf einem sehr dunklen Vorplatz. Eine weißhaarige Dame in schwarzem Kleid mit einer weißen, schmalen Krause am Hals empfängt mich und begrüßt mich als den stellvertretenden Hausherrn, der verreist ist. Ich drücke den Wunsch aus, sie möge mir hier unten zwei Zimmer für meine Arbeit zurechtmachen und eines für meine Sekretärin, aber sie lehnt das bestimmt ab: Ich müsse mich mit den Zimmern oben begnügen. In dem großen Zimmer unten mit seinen Polstermöbeln, die rötliche Blümlein auf gelbem Cretonne zeigen, erwartet mich meine Sekretärin. Ich habe sie in einer Bar engagiert, eine sehr schöne, sehr große Frau, eine Kleinigkeit größer als ich.

Damals war sie stark gepudert, jetzt ist der Puder abgewaschen, und so sieht man auf ihren blassen Wangen zwei kleine blaue Anker, die in sie tätowiert sind, kleine Rettungsanker. Diese Frau könnte beinahe meine Frau sein, so ähnlich ist sie ihr, sie trägt auch die weiten blauen Hosen meiner Frau mit dem eingestickten Anker, das Gesicht ist zum Verwechseln ähnlich – aber da sind auf ihren Backenknochen diese beiden tätowierten kleinen Rettungsanker. Ich bin sehr enttäuscht. Immerhin kann ich ihr meine Arbeit diktieren, endlich!

Wieder steige ich die breite, bequeme Eichenholztreppe empor, die zu der zweiflügligen Glastür führt, hinter der Swenda stand. Ich bin sehr traurig, ich weiß, daß es keine Hoffnung mehr für mich gibt. Meine Füße schleppen, das Herz ist mir schwer. Als ich aufschaue, bemerke ich Swenda, die mich durch die Glasscheibe betrachtet. Ich gehe durch die Tür und trete vor sie. Sie schaut mich nur an; in ihren Augen liegt nichts, weder Ablehnung noch Bitte, keine Furcht und keine Frage.

Ich nehme sie auf meine Arme und trage sie in die Tiefe der Wohnung. Die Türen öffnen sich lautlos vor mir, wie ich die Regungslose da auf meinen Armen vor mir hertrage. Ein fahles, unirdisches Licht, das nicht von außen kommt, erfüllt die Räume. Ich stehe vor einem großen, breiten Prunkbett, über dem ein gewaltiger Baldachin dunkle Falten ausbreitet. Das Bett sieht mehr weiß und kalt aus. Als ich Swenda darauf niederlegen will, blättern sich ihre Kleider auf und fallen zur Erde wie die Blütenblätter einer gelben Rose, die sachte und ohne Geräusch zur Erde sinken. Nackt lege ich Swenda auf das kalte, weiße Bett, sie liegt da, ihr Leib ist noch weißer als die Tücher, schwarz liegen ihre Locken auf dem Kissen. Sie sieht mich unverwandt an, ohne Liebe und ohne Zorn. Ich habe sie schon früher gekannt, ich wurde abgewiesen, schmerzliche Dinge geschahen, meine Erinnerungen daran sind so unbestimmt wie manche Wolkenschatten auf den Seen daheim. Ich beuge mich über Swend…

Ich suche den Vater

Nein, Herr Richter, ich habe meinem Vater das Rad bestimmt nicht geklaut, so wahr ich hier stehe; auf der Stelle will ich tot umfallen, wenn das nicht wahr ist. Lassen Sie mich die Sache erzählen, Herr Richter, wie sie wirklich gewesen ist, Sie können doch keinen Unschuldigen verurteilen! Aber niemand will mich zu Worte kommen lassen. Meine Stiefmutter sagt: »Hast geklaut, marsch, ab ins Kaschott«; mein Vater schweigt und geht aus der Stube, wenn ich reden will; der Gendarm kommt, holt mich, hört nicht auf mich: »Halt's Maul, Bandit, hast das Rad geklaut, nun mach mich nicht noch mit deinem Quasseln krank!« Keiner will mich anhören. Aber jetzt lassen Sie mich reden, Herr Richter, seien Sie einmal so gut, es kostet höchstens eine halbe Stunde, und was ist schon eine halbe Stunde, wo ich für viele Monate ins Kaschott soll –?!

Also denn los, Herr Richter, ich fange jetzt an, ich setze mich. Eine Zigarette wäre jetzt gut, aber ich weiß, das darf nicht sein, weil ich erst vierzehn bin und weil Sie der Richter sind, vor dem ich Respekt haben soll. Ich hab aber gar keinen. Sie sehen so gemütlich aus mit Ihren weißen Haaren; wären wir draußen, würde ich Ihnen gleich eine Zigarette anbieten. Ich habe nämlich immer Zigaretten in der Tasche gehabt, schon seit meinem neunten oder zehnten Jahr.

Bin ich wieder zu frech gewesen? Das wollte ich nicht! Die Leute sagen immer, ich bin zu frech, aber ich weiß gar nicht, was das ist. Ich bin immer so gewesen, ich kann gar nicht anders sein, ich denke mir nichts dabei. Mit einem Menschen muß man doch reden können – dazu ist das Reden doch da!

Gewiß, Herr Richter, ich fange ja schon an, ich bin eigentlich schon mittendrin. Meine Mutter stammt aus Ostpreußen, wo die Polen wohnen, aber ich bin kein Pole, wenn ich auch Stachowiak heiße, Felix Stachowiak. Mein Vater war ein guter Deutscher, der hieß König, von dem werde ich gleich erzählen!

Mir hat übrigens mal ein Feiner, so ein Halbseidener, erzählt, daß Felix »der Glückliche« heißt, na, dann hat Mutter mit meinem Namen Mist gemacht, denn ich habe nie ein bißchen Schwein im Leben gehabt, sonst stünde ich wahrhaftig nicht hier. Übrigens bin ich auch katholisch – aber ich glaube an gar nichts, ich bin aufgeklärt. Nicht so, wie Sie meinen, Herr Richter, so bin ich natürlich auch aufgeklärt, schon lange, aber jetzt meine ich die Religion. Sie müssen nicht über mich lachen, Herr Richter, ich bin hier und verteidige meine Freiheit und mein Leben. Aber wenn Sie lachen, kann ich kein Wort mehr reden.

Meine Mutter ist als Schnitterin auf die großen Güter gegangen, alle Jahre auf ein anderes, und manchmal im Jahr auch auf zwei oder drei. Das kam auf die Arbeit an, die sie fand, mehr aber noch auf die Männer. Sie sucht sich auf jeder Stelle einen neuen Mann, und zu allen mußte ich Vater sagen. Ich wußte aber, daß mein richtiger Vater König hieß und Vorschnitter war. Das hat mir einmal eine Tante erzählt, bei der ich ein paar Monate war; damals war ich fünf Jahre alt, und meine Mutter saß solange im Kittchen wegen einer Mauserei. Ich weiß die Zeit noch sehr gut, Herr Richter, wo meine Mutter eine hübsche Frau war, um Männer war die nie verlegen, das sage ich Ihnen. Meist angelte sie sich die Vorschnitter, weil die mehr verdienten, da hatten wir Kinder auch unsern Vorteil von. Einmal hat Mutter auch einen Inspektor gehabt, aber der deutsche Hund war filzig wie kein galizischer Schnitter, und sie hat ihm solchen Krach gemacht, daß er vom Gut rausgeflogen ist. Da haben wir alle gelacht.

Aber auch jetzt noch, Herr Richter, da meine Mutter

alt wird und nicht mehr hübsch aussieht, hat sie so einen Dreh raus, der die Männer verrückt macht, besonders wenn sie besoffen sind. Und vor allem kann sie die Männer bei der Stange halten, darin ist Mutter mächtig tüchtig, Herr Richter, das muß selbst ich zugeben, nicht nur für eine Nacht oder so, so was gibt's bei ihr nicht. Aber Mutter hat auch viele Fehler, das muß ich zugeben, Herr Richter, wenn ich auch ihr Sohn bin. Nie hält sie es an einem Ort aus, wenn wir es auch noch so gut getroffen haben, immer will sie wieder weiter. Die hat Feuer im Arsch, Herr Richter, die kann nie ruhig sitzen, die Mutter. Und dann will sie sich nie heiraten lassen, zehnmal hätte Mutter heiraten können und sparsame Vorschnitter, Witwer mit Ausstattung und allem, aber nein, Mutter will nicht, um keinen Preis!

»Brunka«, hat einer mal gesagt, »Brunka, tu mir doch die Liebe! Du sollst auch alles auf deinen Namen kriegen, die Ausstattung und die beiden Kühe und die fünf Schafe und das ganze Federvieh ... Nur laß mich nicht sitzen, Brunka, ich brauch dich, ich muß dich haben ...«

»Hau bloß ab«, hat meine Mutter gesagt. »Du wirst ja schon alt. Was nützt mir denn deine Ausstattung, wenn du alt bist? Nein, ich will wieder einen jungen Kerl haben, der mir heiß macht, bei dir kriege ich ja kalte Füße!« Und wieder sind wir weitergezogen. Und nie hat Mutter aufgepaßt, jedes Jahr fast hat sie ein Kind gekriegt, es hat ihr schon gar nichts mehr ausgemacht. Bis in den tiefen Abend hinein hat sie noch Zuckerrüben im Akkord gerodet, was bekanntlich die schwerste Arbeit in der Landwirtschaft ist, in der Nacht hat sie das Kind gekriegt, und morgens um sieben hat sie schon wieder auf dem Acker gestanden beim Roden. Über so was wie Kinderkriegen hat sie nur gelacht. »Das erhält gesund!« hat sie gelacht. »Mit jedem Kind werde ich ein Jahr jünger!« Und dann muß ich noch eines sagen, Herr Richter, tüchtig war Mutter nun einmal, wenn es galt, die Kinder wieder loszuwerden. Sie hat sie immer den Männern angeschnackt, kein einziges ist ja bei Mutter geblieben, außer mir.

Ich habe viele Geschwister in allen möglichen Gegenden, ich weiß nicht mal die Orte, wo wir überall gelebt haben, und wieviel Geschwister ich habe und wo sie alle sitzen, das weiß ich auch nicht. Daß ich aber bei Mutter geblieben bin, liegt nur daran, daß sie mit meinem Vater König am längsten zusammen gelebt hat, und mit ihm hat sie zwei Kinder gehabt, erst mich und dann eine Schwester von mir, Sophie mit Namen. Und wie Mutter von meinem Vater weg ist, haben sie uns unter sich verteilt, und ich bin zu ihr gekommen und Sophie zu Vater.

Mir hat es gar nicht gefallen, je älter ich wurde, daß ich immer allein bei Mutter war, ich hätte gerne ein paar von meinen Geschwistern bei uns gehabt. Und mir paßte auch nicht der Vater, den meine Mutter sich jetzt ausgesucht hatte und zu dem ich auch Vater sagen mußte, er war nur sieben Jahre älter als ich, also erst einundzwanzig Jahre alt, und arbeitete gar nicht, sondern trank und spielte Karten und ging viel zu den jungen Mädchen in der Kaserne von den Schnittern, und Mutter mußte immer nur anschaffen, und nie war es ihm genug. Ich sagte es Mutter oft, sie sollte den frechen Kerl rausschmeißen, aber Mutter ließ sich von mir nichts sagen, sondern schimpfte gleich und schlug mich und verlangte, ich sollte lieber auch arbeiten. So dumm war ich aber nicht, die Arbeit ist ja nur für die Dummen erfunden, das wissen Sie auch, Herr Richter, sonst wären Sie nicht Richter geworden!

Lieber trieb ich mich draußen rum und fing Fische oder stellte den Hasen und Rehen Schlingen, und wenn ich was fing, verkaufte ich es heimlich dem Saupack, den polnischen Schnittern, und ich kriegte Zigaretten dafür, soviel ich wollte, und oft auch Geld. Dann ging ich mit meiner Kleinen und kaufte im Gasthof eine Selterflasche voll Schnaps, und dann krochen wir in einen Heuschober und besoffen uns und schliefen uns aus. Mutter aber schrie dann und schmiß mit den Herdringen, wenn ich erst am nächsten Mittag nach Haus kam. Aber ich machte mir nichts daraus, ich war ihr Schreien und ihre

Schläge schon ganz gewöhnt, die Hauptsache war, daß sie mir ordentlich was zum Mittagessen gab. Und das tat sie immer, wenn sie sich erst ausgetobt hatte. Bei Mutter mußte man bloß ein dickes Fell haben, dann erreichte man alles bei ihr. Und ein dickes Fell habe ich, Herr Richter, darauf können Sie Gift nehmen. Ich habe schon soviel erlebt wie ein alter Mann, mich kann nichts mehr schrecken!

Damals lebten wir auf einem Gut, das hieß Glasow, und meine Mutter und mein jetziger Vater, der junge Kerl, hatten mir gesagt, wenn ich erst mit der Schule fertig wäre, zu Ostern, sollte ich mit ihnen nach Paderborn zur heiligen Kommunion gehen und dann dort bei einem Meister in die Lehre kommen. In die Schule bin ich natürlich nie richtig gegangen, der Lehrer war froh, wenn ich mich dort nicht sehen ließ, aber lesen und schreiben habe ich doch gelernt. Der Doktor im Untersuchungsgefängnis hat ja einen Vogel, wenn er behauptet, ich sei stark schwachsinnig – ich bin viel schlauer als der. Der sollte sich mal so allein wie ich durchschlagen müssen in der Welt, keine heile Hose auf dem Arsch und keinen Sechser in der Tasche und jeden Gendarmen hinter dir, wie ich gleich erzählen werde, Herr Richter. Wenn ich schwachsinnig bin, dann ist meine Mutter schwachsinnig und alle Weiber, die ich schon gehabt habe, denn ich kann mehr als die alle, und immer habe ich ihnen die Zeitung vorlesen müssen, sie konnten's nicht.

Darf ich vielleicht doch eine Zigarette rauchen, Herr Richter? Ich geb sie Ihnen wieder, wenn ich draußen bin, auf mein Ehrenwort, Herr Richter! Sie lassen mich ja doch gleich raus, denn ich habe das Rad wirklich nicht geklaut, der Blitz soll mich erschlagen!

Wirklich nicht, Herr Richter! Na, denn nicht, ich nehme es Ihnen nicht übel. Ich versteh schon, Sie haben Angst um Ihren Posten, und wenn ich so 'nen schönen Druckposten hätte wie Sie, ich hielte ihn auch fest und ließe keinen ran!

Jaja, ich erzähle schon weiter. Wo war ich denn? Ach

ja, sie hatten mir vorgekohlt, ich sollte Ostern nach Paderborn zu einem Meister in die Lehre. Ich aber hatte an der Tür gelauscht, und ich wußte, daß ich ihnen lästig war und zuviel wußte, und Mutter hatte schon mit der Gemeindeschwester geredet, und ich sollte zu Ostern in die Fürsorgeerziehung nach Paderborn, das hatten sie wirklich mit mir vor. Ich ließ mir aber nichts merken und tat so, als wäre ich doof und glaubte ihnen alles. Aber ich war fest entschlossen, nicht in ein solches Haus zu gehen, wo man nur Schläge kriegt und Wassersuppen und wo man Schlechtes hört und verdorben wird.

Ich dachte viel an meinen richtigen Vater und schrieb einen Brief an meine Tante in Zurow: Wo mein Vater König jetzt wohl wäre? Und nach einer Weile bekam ich wirklich Antwort von ihr, was ich gar nicht gedacht hatte, und erfuhr, daß mein Vater in Thurow, was im Mecklenburgischen liegt, als Vorschnitter wäre. Und ich sollte nur ruhig zu ihm hingehen, er wäre mein leiblicher Vater und würde schon für mich sorgen. Da freute ich mich, und ich ließ meine Mutter und den Kerl reden, soviel sie wollten. Ich paßte nun nur auf eine Gelegenheit, daß ich ein bißchen zu futtern und Geld aufpicken könnte, denn es war ja Winter, Ende Januar, und bitter kalt, und ohne alles wäre ich doch nicht gerne abgehauen. Aber bei mir zu Hause war nichts zu holen, mein Vater kochte meine Mutter alle Tage bis auf den letzten Pfennig ab, und in den Wald traute ich mich damals nicht, weil der Förster mir gesagt hatte, er würde mir eine Ladung Schrot in den Hintern schießen, wenn er mich noch einmal dort träfe.

Nun hatte meine Mutter sich schon seit Weihnachten ein bißchen aufs Klauen gelegt, weil sie nie genug Geld für meinen Vater schaffen konnte. Einmal hatte sie mich auch mitgenommen: Ich sollte in den Keller einer Meierei klettern und ihr Butter rauslangen. Mein Vater hatte das Gitter schon die Nacht vorher lose gemacht. Die Sache kam mir aber faul vor, als wollte meine Mutter mich hochgehen lassen und auf diese Weise loswerden, also bin ich nicht runtergestiegen, sondern sie mußte es tun, und ich blieb draußen, und sie reichte mir die Butter raus. Alles ging gut, und ich bekam fünf Mark von ihr ab, die habe ich mit meiner Kleinen versoffen. Das war die Nacht, wo wir mit unseren Zigaretten den Heuschober, in dem wir lagen, angesteckt haben, ohne es zu wollen, Herr Richter, bloß weil wir so betrunken waren. Wir kamen aber heil raus, und niemand hat auf uns geraten, weil sie nämlich in dem verbrannten Schuppen die ganz verkohlte Leiche von einem alten Penner gefunden haben. Da haben sie gesagt: Der ist es gewesen. Und es ist ja auch schon möglich, daß der olle Kerl auch geraucht hat, Herr Richter.

Warum schreiben Sie eigentlich immer was auf, Herr Richter? Das haben Sie gar nicht nötig. Das sind alles alte Sachen, die mir keiner beweisen kann, ich leugne sie ab unter meinem Eid, und außerdem war es in einem andern Lande, nicht hier im Mecklenburgischen, und dafür sind Sie überhaupt nicht zuständig! Mich kann man nicht bange machen, Herr Richter, ich weiß mit den Gesetzen Bescheid, und das Rad, für das Sie zuständig sind, habe ich nicht geklaut, wie ich Ihnen gleich erzählen werde, Herr Richter!

Ein paar Tage kam meine Mutter wieder und sagte mir, ich solle diese Nacht noch einmal mit ihr losgehen, diesmal in einen Kaufmannsladen. Ich hatte aber keine Lust und verdrückte mich schon am Nachmittag aus unserer Stube und schlief mit meiner Kleinen, so daß sie mich in der Nacht nicht finden konnte. Da war ich wieder einmal schlauer gewesen als die andern, denn in dieser Nacht ging meine Mutter hoch, sie haben sie fürchterlich verprügelt, ehe sie sie ins Loch steckten. Und meinen Vater holten sie auch ab – ich war grade nicht da, sonst hätten sie mich wohl auch mitgenommen. Als ich am Morgen in unsere Stube kam, war alles leer und verlassen, und ich dachte: Jetzt ist Zeit, jetzt hau bloß ab und geh deinen richtigen Vater suchen! Ich stöberte die ganze Stube durch, aber ich fand nicht mehr als ein paar kalte Pellkartoffeln und einen Kanten Brot. Von den Lumpen war auch nichts das Verscheuern wert, kein Jude hätte mir für all unser Zeug auch nur ’ne Mark gegeben, so abgekocht hatte mein jetziger Vater die Mutter!

Ich schob also los; ich wußte, ich mußte erst nach Sternberg und dann nach Güstrow laufen, so hatte ich es mir auf der Karte in der Schule angesehen. Es war ein weiter Weg und sehr kalt, und es hatte geschneit und sah noch nach viel mehr Schnee aus. Ich hatte nur Lumpen auf dem Leibe, aber das machte mir alles gar nichts aus. Ich wollte meinen Vater finden und meine Schwester, ich wollte jetzt in einer ordentlichen Familie leben und ein ordentlicher Mensch werden. Das können Sie mir wirklich glauben, Herr Richter, ich kann’s bei Christi Blut beschwören.

Ich hatte noch Zigaretten genug, und mittags bettelte ich mir Essen und bekam auch einen schönen Schlag dicke Erbsen mit Kartoffeln und Speck, dafür sollte ich dann Holz hauen. Ich ging dem dicken Kerl auch willig genug nach auf den Hof und fing an mit Hauen und haute tüchtig genug, solange er zukuckte. Es wurde ihm aber bald zu kalt, und er ging wieder ins Haus. Da wollte ich abhauen, aber ich dachte: Sieh erst mal nach, ob du nicht was mitnehmen kannst. Und machte die Küchentür auf, und wirklich war kein Mensch in der Küche, ich hörte sie im Nebenzimmer beim Essen quatschen. In der Schublade vom Tisch fand ich zwei Mark und fünfunddreißig Pfennige, und auf dem Tisch lag noch eine halbe Seite Speck, von der sie für die Erbsen abgeschnitten hatten, die tat ich in einen Rucksack, der an einem Haken hing. Ein Messer nahm ich mir auch mit und einen Löffel, Brot war leider nicht da, aber das konnte ich mir jetzt auch kaufen. Gerade als ich schon rausgehen wollte, sah ich ein Paar schöne lederne Arbeitsschuhe stehen. Die würden besser für mich sein als meine Holzpantoffeln. Ich zog sie gleich an, sie waren mir wohl viel zu groß, aber ich würde schon Stroh finden, um sie ein bißchen auszustopfen.

Dann habe ich mich dünngemacht, und gleich hinter dem Dorf habe ich mich in den Wald verdrückt und mich dort versteckt, so daß ich die Straße sehen konnte. Und das war wieder schlau von mir, denn keine Viertelstunde, da kamen sie schon an auf der Suche nach mir, sogar mit einem Hund. Sie haben mich aber nicht finden können, weil ja gleich beim Dorf noch zu viel Spuren waren.

Erst gegen Abend bin ich weitergegangen, und auf dieser ganzen Reise, die sechzehn Tage dauerte, habe ich eigentlich immer Schwein gehabt, kein Landjäger hat mich zu fassen gekriegt, und immer habe ich genug zu fressen und zu saufen und zu rauchen gehabt, und das Geld ist mir auch nie alle geworden. Einmal ging ich in einen Gasthof, um mir eine Flasche Bier zu kaufen. Ich stand eine ganze Weile an der Theke, aber kein Mensch kam. Leise machte ich die Tür zur Stube auf, und da lag der dicke Krüger auf dem Sofa und schnarchte, was das Zeug halten wollte. Da habe ich mich nicht lange besonnen und habe an Schnaps in meinen Rucksack gepackt, was hineinging; auch die Wechselkasse habe ich leer gemacht, es waren aber nur ein paar Mark drin. Dabei hätte mich beinahe der Krüger überrascht, der nun doch aufgewacht war, ich kam aber noch schnell genug vor die Theke und bat ihn um ein Glas Bier. Das habe ich ihm passend mit seinem eigenen Wechselgeld bezahlt, und schief habe ich mich noch den ganzen Nachmittag über den dicken verschlafenen Kerl gelacht! Was der wohl hinterher für eine Wut auf mich gehabt hat! Ich habe mich mit meinem Schnaps in den Wald gemacht und fand eine Schutzhütte von den Waldarbeitern. Da habe ich Rasttag gehalten, was ich auch verdient hatte, Herr Richter, und gründlich habe ich mir da die Kehle mit Schnaps ausgespült, das kann ich Ihnen aber sagen!

Am nächsten Morgen wachte ich mit einem mächtigen Hunger auf, und das machte wohl der Schnaps, daß ich durchaus einen Gänsebraten essen wollte. Ich war den Tag mächtig scharf auf Gänsebraten, Herr Richter!

Da bin ich wieder zu dem Dorf zurückgeschlichen, und richtig habe ich es in einem Stall, gar nicht weit ab vom Walde, auch schnattern hören. Ich war so wild, ich konnte den Abend nicht abwarten. Erst habe ich eine Miete aufgewühlt und mir Kartoffeln rausgeholt und nach der Schutzhütte hingetragen. Trockenes Holz habe ich auch gesucht, ich wollte ein richtig feines Essen haben den Tag! Dazwischen habe ich immer wieder einen Schluck genommen, Schnaps hatte ich noch reichlich. Am Nachmittag – es war noch nicht mal dämmerig – habe ich mich an den Stall gemacht. Ich war wirklich ganz wild, ich habe mich nicht einen Augenblick um das Geschnatter des Viehzeugs gekümmert, sondern der Größten mit meinem Haumesser den Kopf abgehauen und bin mit ihr unter dem Arm in den Wald gelaufen – da kamen die Leute schon aus den Häusern.

Ich bin gelaufen und gelaufen, immer von meiner Schutzhütte weg, immer im Bogen um das Dorf rum. Einmal waren sie mir schon ganz nahe, ich dachte: Felix, nun ist es um dich geschehen! Da habe ich mir nicht anders zu helfen gewußt, ich habe ihnen die Gans vor die Füße geschmissen, das hat sie lange genug aufgehalten, daß ich heil wegkam. Und wieder bin ich gelaufen, und richtig: Weil ich immer im Kreise gelaufen war, bin ich wieder zum Dorf gekommen. Da war es schon dunkel und schneite. Alles war still, alle Leute waren im Wald hinter mir her. Ich bin einfach in den Schuppen gegangen und habe der zweiten Gans den Kopf abgeschlagen und bin direkt mit ihr zu meiner Schutzhütte marschiert. Es war schon viel zu dunkel und schneite auch viel zu stark, daß sie mich noch hätten suchen können. Die Gans habe ich mir fein an einem Stecken über dem Feuer gebraten und Röstkartoffeln dazu in der heißen Asche gemacht – noch nichts hat mir so gut geschmeckt in meinem Leben wie dies Fressen im Walde, Herr Richter! Ich habe mich so dick vollgefressen, daß ich am andern Morgen beinahe verschlafen hätte, und das wäre mir wohl schlecht bekommen, denn die hätten mich wohl totgeschlagen in der Wut, die sie auf mich hatten, die dummen Bauern in dem Dorf!

Aber ich bin gerade noch glücklich fortgekommen, und so habe ich mich weiter durchgeschlagen, bis ich nach Brüel kam, ins Mecklenburgische. Da habe ich mit dem Klauen aufgehört, weil ich nun in der Nähe von meinem Vater war und ich ihm doch nicht gleich zuerst Schande machen wollte. Und überhaupt wollte ich von jetzt an ein ordentlicher Mensch werden. Außerdem hatte ich das Klauen nicht mehr nötig, weil ich genug von allem hatte und es eine ganze Weile aushalten konnte. Zwischen Brüel und Warin fing es plötzlich an zu regnen, es fror aber immer wieder, so wurde es Glatteis. Mitten auf der Straße glitt ich aus, in diesem Moment kam ein Personenwagen. Der Fahrer sah mich hinfallen, und ich konnte mich mit knapper Not auf die Seite rollen. Der Fahrer fuhr noch zehn Meter weiter und hielt. Er fragte mich, wohin ich wollte, und ich antwortete ihm: »In den Ort.« Er nahm mich bis zur Abzweigung nach Neukloster mit. Es war eine schneidende Kälte wieder, ich ging zu Fuß weiter und kam nach Zurow zu meiner Tante, deren Mann ein Pole war. Als ich die Tür aufzog und fragte: »Wohnt hier Gramatzki?«, fiel mir meine Tante um den Hals und rief: »Felix, wo kommst du her? Weißt du noch, wie du klein warst und hast immer alle Bierflaschen leer getrunken?«

Sie hatte mich sofort wiedererkannt, obwohl es fast zehn Jahre her war, daß ich bei ihr wohnte. Ich wurde sehr gut aufgenommen und bekam schönes Essen. Ich schenkte ihnen auch alles, was ich an Sachen noch hatte: dem Onkel, diesem Polen, den Schnaps und die Zigaretten, meiner Tante alle Lebensmittel, eine halbe Speckseite war auch dabei. Sie waren sehr zufrieden mit mir, und ich durfte die Nacht mit meiner kleinen Cousine von zwölf Jahren in einem Bett schlafen. Die Tante lachte noch und sagte: »Ihr werdet ja keine Dummheiten machen, ihr seid ja noch zu klein dafür!« Ich dachte auch gar nicht an so etwas, obwohl ich schon ein Mädchen hatte, denn mit meiner Cousine war gar nichts los, das reine Plättbrett. Am Morgen aber fiel dieser Pole, mein Onkel, doch über mich her und gab mir Schläge und jagte mich aus dem Hause, weil ich doch Dummheiten gemacht hätte. Wie ich mal rausgegangen war auf den Abort, vorm Frühstück, hatte meine Cousine geheult und Lügen über mich erzählt. Es war aber gar nicht darum, daß mein Onkel mich rauswarf, sondern weil sie mir alles abgenommen hatten, was ich besaß, und nun waren sie zu geizig, auch nur ein Frühstück an mich zu wenden. Ich wäre aber auch ohne Lügen und Schläge gegangen, ich habe auch meinen Stolz, Herr Richter.

Ich ging nach Neukloster zurück und trieb mich den ganzen Tag in der Stadt umher. Ich fand eine hübsche Villa, die mir grade richtig schien – ich konnte doch nicht ohne Geschenke bei meinem richtigen Vater ankommen! Ich hätte mich ja schämen müssen. Am Nachmittag bettelte ich, ich bekam reichlich zu essen, und einer Köchin konnte ich ihr Portemonnaie klauen, es war aber nur eine Mark drin. In der Nacht schlief ich in einer Feldscheune, in der kaum noch Stroh war, ich konnte vor Kälte nicht in den Schlaf kommen. Als ich aber schließlich eingeschlafen war, hätte ich beinahe die Zeit verschlafen; als ich bei der Villa ankam, dämmerte es schon ein bißchen, und in der Stube von der Küchenollen brannte schon Licht. Ich überlegte einen Augenblick, ob ich es noch wagen sollte, aber ich hatte keine Lust, mich noch einen Tag in Neukloster herumzudrücken.

So stieg ich denn durch das Waschküchenfenster ein, und alles ging genauso glatt, wie ich es vorausgesehen hatte. Den Schreibtisch brach ich in aller Gemütsruhe mit einem Stemmeisen aus dem Werkzeugkasten in der Küche auf, währenddem hörte ich die Köchin über mir herumtrampeln. Jetzt hatte sie schon Schuhe an. Ich erbeutete über hundert Mark, feine Eßwaren, schöne Strümpfe und stellte mir Zigarren, einen Fotoapparat und Kleidungsstücke auf dem Flur zum Mitnehmen zurecht, während ich auf die Suche nach einem Koffer ging. Mein Rucksack war schon prallvoll, meine Taschen auch. Leider sah die Köchin, als die die Treppe herunterkam, zuerst die von mir aufgestellten Sachen und dann das Licht im Zimmer. Sie fing an zu schreien. Ich machte, daß ich durch das Fenster davonkam. Der Ingenieur schoß mit einer Flinte aus dem Fenster hinter mir drein, ich hörte die Schrote sausen, aber kein einziges traf mich. Die bereitgestellten Sachen hatte ich im Stich lassen müssen, aber ich war auch so ganz zufrieden; ich kam nicht als armer Mann zu meinem Vater.

Ich setzte mich in den Zug und fuhr über Warin und Blankenberg wieder nach Brüel. Von dort lief ich die drei Kilometer nach Thurow, wo mein richtiger Vater als Vorschnitter lebt. Wie ich dort in der Schnitterkaserne die Tür öffne, sitzt ein dreizehnjähriges Mädchen auf dem Sofa, auf dem Stuhl ein neun Jahre altes und in einem Sessel eine magere Frau von neununddreißig bis vierzig Jahren, mit einer Handarbeit beschäftigt. Ich frage: »Bin ich hier richtig bei König?«, trotzdem mir die Schnitter unten schon gesagt hatten, daß dies die Wohnung von König sei. Die Frau sieht mich an und sagt ziemlich scharf: »Ja! Was willst du denn von König?«

Ich sagte: »Dann darf ich wohl annehmen, daß du meine Schwester bist«, ging hin zu dem Mädchen und gab ihr einen tüchtigen Kuß auf den Mund. Sophie war sehr hübsch, es war auch an ihr viel mehr dran als an meiner Cousine. »So«, sagte die Frau, »dann bist du wohl der Felix Stachowiak?«

»Ja«, sagte ich.

»Das habe ich immer gedacht, daß du noch mal kommen würdest. Wo ist denn deine Mutter?«

»Mutter ist im Kittchen und kommt so bald auch nicht wieder raus«, antwortete ich. »Wo ist mein Vater?«

»Nebenan im Zimmer«, sagte meine Schwester Sophie. Ich ging hin, da lag mein Vater in Kleidern auf dem Bett und stierte mich ganz dumm an. Er war wohl gerade aus dem Schlaf gekommen.

»Hier, Alter, hast du eine Zigarette«, sagte ich und

hielt ihm die Schachtel hin. Er starrte mich erst noch dumm an, aber als ich zu lachen anfing, lachte er mit. »Dann bist du also der Felix«, meinte er und nahm sich eine von meinen Zigaretten. »Was macht denn deine Mutter?«

Ich erzählte es ihm. Es schien ihm leid zu tun, daß es so mit Mutter gekommen war. Als wir dann beide in die Stube rübergingen, war meine Stiefmutter schon beim Auspacken von meinem Rucksack, den ich da abgesetzt hatte. Das war mir gar nicht recht. Ich hatte selber auspacken und verteilen wollen. Meine Schwester und meine kleine Stiefschwester sahen neugierig zu, ich hatte wirklich hochfeine Reizwäsche dabei. »Das ist doch alles gestohlenes Zeug!« rief meine Stiefmutter wütend.

Mein Vater schien es nicht so schlimm wie sie zu finden. Er lachte. »Na, Felix«, fragte er, »wo hast du denn die Sachen her?«

»Die hat mir Mutter für euch mitgegeben«, sagte ich.

Vater lachte wieder und zwinkerte mir rasch mit den Augen zu, ich hatte ihm ja grade erzählt, daß Mutter im Kaschott saß. »Na, dann ist ja alles in Ordnung«, sagte Vater. »Ist das Schnaps in der Flasche da?«

»Das ist Kognak, Vater«, sagte ich. »Wollen wir alle davon einen trinken?«

»Nichts ist in Ordnung!« rief meine Stiefmutter wieder, sie war nämlich eine Scharfe. »Hier steht sogar ein Name in der Wäsche! Wie heißt das? Grahl – heißt ihr jetzt Grahl?«

»Nein, aber wir haben eine Lehrerin Grahl im Dorf gehabt«, sagte ich schnell. »Die ist gestorben, und da hat Mutter die Sachen gekauft und noch vieles mehr.«

»Also ist alles in Ordnung«, sagte Vater wieder. »Nun wollen wir auch einen auf Felix trinken!« Wir taten es, aber meine Mutter wollte nicht mitmachen und verbot auch meiner kleinen Stiefschwester mitzutrinken. Meine richtige Schwester durfte mittrinken. Sie bekam denn auch alle Wäsche, die ich mitgebracht hatte, wieder nahmen Stiefmutter und Stiefschwester nichts. Mein Vater trank sich tüchtig einen von dem Schnaps an, ich hörte meine Eltern sich noch beide lange in der Schlafkammer streiten, meine beiden Schwestern schliefen bei ihnen. Ich lag auf dem Sofa in der Stube. Die beiden stritten sich meinetwegen. Meine Stiefmutter wollte, mein Vater sollte mich gleich wieder fortschicken, und mein Vater weigerte sich. »Laß ihn doch wenigstens so lange hier, bis seine Mutter aus dem Kittchen ist.«

Meine Stiefmutter wollte aber nicht, sie sagte, sie ginge lieber aus dem Hause, als daß sie mich hier länger ließe. Ich wäre ein Dieb und würde nur Unheil stiften. Mein Vater aber fing plötzlich an zu lachen und zu meiner Stiefmutter zärtlich zu werden. Erst hörte ich sie wütend schelten, er sei auch nicht besser als sein Sohn, aber allmählich gab sie sich, und ich konnte beruhigt über mein nächstes Schicksal einschlafen.

Der nächste Tag gefiel mir zuerst gar nicht. Mein Vater war früh zu seiner Arbeit gegangen, und ich war ganz der Aufsicht meiner Stiefmutter ausgeliefert, die ständig an mir zu mäkeln hatte. Ich mußte mich unter ihrer Aufsicht waschen, wobei sie behauptete, ich hätte mich mindestens vier Wochen nicht gewaschen, was nicht wahr war, denn ich hatte es getan, als ich von Haus fortging. Dann mußte ich Holz herauftragen, die Treppe scheuern, den Schweinestall ausmisten – kurz, sie ließ mir den ganzen Vormittag nicht einen Augenblick Ruhe. Als sie mich bei einem heimlichen raschen Zug im Stall erwischte, nahm sie mir meine Zigaretten einfach weg. Ich sah schon, daß ich es unter ihrem Regiment nicht lange im Hause aushalten würde. Sofort als meine Schwestern aus der Schule gekommen waren, wurde Mittag gegessen, und das Essen war gut, das muß ich meiner Stiefmutter nachsagen, meine Mutter konnte lange nicht so gut kochen wie sie. Nach dem Mittagessen ging meine Stiefmutter auch zur Arbeit aufs Gut, sie schien mächtig scharf hinter dem Gelde her zu sein. Meine älteste Schwester sollte nach Brüel gehen und Lebensmittel einkaufen, ich auf dem Hof Holz hauen, und meine Stiefschwester Schularbeiten machen und das Abendessen vorbereiten.

Ich sah erst meine Stiefmutter, dann meine Schwester fortgehen, ließ sie ein Stück voraus und lief ihr dann nach. Sie erschrak zuerst, aber ich sagte ihr, daß meine Stiefmutter mir gar nichts zu befehlen habe und daß sie jedenfalls nichts dafür könne, wenn ich auch nach Brüel ginge. Auf dem Wege dorthin erzählte ich ihr viel von meinem freien Leben zu Haus und schlug ihr vor, mit mir zu unserer richtigen Mutter zurückzukehren. Wir würden dort ein viel besseres Leben führen können als hier unter der Aufsicht der Stiefmutter. Sophie versprach, es sich zu überlegen.

In Brüel im Kaufmannsladen herrschte ziemliches Gedränge, Sophie König war gut bekannt, ich gehörte zu ihr, und so paßte niemand auf mich auf. Ich konnte mir die Taschen schön vollstecken und hatte zum Schluß mehr bei mir, als Sophie eingekauft hatte. Da ich noch reichlich Geld von meinem Besuch in der Villa in Neukloster hatte, kaufte ich bei einem Gastwirt noch eine Flasche süßen Likör und Zigaretten, und wir machten uns auf den Heimweg.

Wir gingen zu Haus aber nicht auf die Stube, wo unsere Stiefschwester uns im Wege gewesen wäre, sondern auf den Heuboden. Dort gab ich Sophie erst von dem Likör zu trinken, dann packte ich meine Schätze aus, Bonbons und Pfefferkuchen, auch ein seidenes Tuch für sie, Äpfel, Nüsse und eine kleine Reibe. Ich schenkte ihr alles. Zuerst wollte sie es nicht nehmen, weil es gestohlen wäre, ich erklärte ihr aber, daß alle Menschen gleiche Rechte haben und daß es unrecht ist, wenn ein Mann wie der Kaufmann soviel hat, ich aber gar nichts. Sie verstand mich gleich. Wir tranken den ganzen Likör aus, küßten uns viel, und ich sagte ihr, was sie für ein hübsches Mädchen sei und daß ich ihr in Glasow einen schneidigen Kavalier besorgen würde. Sie versprach mir fest, von hier auszureißen und zu meiner Mutter nach Glasow zu gehen.

Als der süße Likör alle war, gingen wir hinüber in die Schnitterkaserne. Es war schon fast dunkel geworden, meine Stiefmutter war schon wieder zu Haus. Mir war von dem bißchen Likör nichts anzumerken, aber meine Stiefmutter sah meiner Schwester gleich an, was mit ihr los war, und fing einen fürchterlichen Lärm an. Und als sie nun gar die Geschenke sah, kannte ihre Wut keine Grenzen. Sie schlug meine Schwester, und sie hätte auch mich geschlagen, wenn ich mich nicht widersetzt hätte. Für meine vierzehn Jahre habe ich Kräfte genug. Sie schwor aber, sie würde alles meinem Vater erzählen, und ich müsse heute abend noch aus dem Haus! Als sie mir gar keine Ruhe ließ, sagte ich ihr, sie könnte mich am Arsch lecken und ging aus der Stube.

Ich fing meinen Alten ab, wie er von der Arbeit kam, und lud ihn in den Gasthof ein. Dort hielt ich ihn so mit Schnaps und Bier und guten Zigarren frei, daß ich ihn am Arm nach Haus führen mußte. Wir fielen aber doch ein paarmal in den mit Schnee gefüllten Chausseegraben, worüber der Alte gar nicht genug lachen konnte. Zu Haus fiel meine Stiefmutter sofort über ihn her und verlangte wirklich, er solle mich diesen Abend noch aus dem Hause jagen. Mit meinem Vater aber war gar nichts mehr zu machen, erst lachte er bloß, dann warf er sich aufs Bett, wo er auf der Stelle einschlief. Weiß vor Wut zog meine Stiefmutter sich und ihre eigene Tochter an und verließ das Haus. Sie schrieb dem Ollen einen Zettel, sie würde erst wieder zurückkommen, wenn ich das Haus verlassen hätte. Kaum war sie aus der Tür, so steckte ich den Zettel in den Kochherd. Sophie und ich, wir machten uns noch einen guten Abend, ich holte auch noch einmal Likör aus dem Krug.

Als mein Vater am nächsten Morgen erwachte, wußte er von gar nichts mehr, und er war höchst erstaunt über das Verschwinden seiner Frau und Tochter. Sophie und ich taten auch so, als wüßten wir von nichts, und mein Vater mußte an seine Arbeit gehen. Ich überredete Sophie, die Schule zu schwänzen, und wir trieben uns den ganzen Tag im Dorf und in Brüel herum. Sophie sagte mir, daß ihr dieses Leben sehr gefiele und daß sie am liebsten sofort mit mir nach Glasow ginge. Ich überredete sie aber, noch ein paar Tage hierzubleiben, hier gab es noch schöne Vorräte, die wir erst aufessen konnten.

Wir hatten meinem Vater ein schönes Abendessen gemacht aus dem letzten Eingemachten in der Kammer, und ich hatte auch noch Schnaps und Zigarren aus dem Krug geholt, aber es schmeckte ihm nicht. Er hatte von den Leuten unten in der Kaserne gehört, warum meine Stiefmutter fort war und war sehr bedrückt darüber. Er sagte mir nicht direkt, daß ich fortgehen sollte, aber ich merkte doch, daß er mich mit andern Augen ansah. Ich war ihm lästig geworden.

Am Morgen sagte mir mein Vater: »Felix, setz dich auf mein Rad und fahre nach Brüel und von da weiter mit der Bahn nach Zurow zur Tante und sieh nach, ob die Stiefmutter da ist. Dann komm zurück und sage mir Bescheid.«

Nun passen Sie auf, Herr Richter, jetzt kommt die Hauptsache. Ich habe mich aufs Rad gesetzt und bin nach Brüel gefahren und habe das Rad am Gepäckschalter aufgegeben. Dann bin ich mit dem Zug über Blankenberg und Warin nach Neukloster gefahren, und da bin ich ausgestiegen und nach Zurow zu Fuß weitergegangen. Ich bin aber nicht zu meiner Tante gegangen, weil ich doch gerade erst bei ihr gewesen war und sie solche Wut auf mich hatte, sondern bin in den Krug gegangen und habe mich dort erkundigt, ob eine fremde Frau mit einem Mädchen von neun Jahren im Dorf angekommen ist. Nein, es ist keine angekommen.

Ich bin in Zurow zur Nacht geblieben und am nächsten Morgen dieselbe Strecke zurückgefahren. Wie ich in Brüel ankam, will ich das Rad von der Bahn holen, ich drehe alle meine Taschen um, aber ich muß den Aufbewahrungsschein verloren haben. Ich sage es dem Mann am Schalter und beschreibe ihm das Rad, aber er sagt mir, er kann nichts machen. Ich soll am Abend wiederkommen, da ist der Beamte da, der mir das Rad abgenommen hat. Vielleicht, daß der mich wiedererkennt. Ich bin also zu Fuß nach Thurow gegangen, und wie ich in die Stube komme, ist meine Stiefmutter mit ihrem Mädchen schon wieder da. Aber sie tut, als kennte sie mich überhaupt nicht, und spricht kein Wort mit mir, und meine Stiefschwester redet auch nichts.

Ich habe mich aber nicht darum gekümmert, das machte mir gar nichts, nur daß meine Schwester Sophie in der Ecke saß und weinte, das ärgerte mich. Ich fragte sie, warum sie weinte, aber sie wollte es mir nicht sagen oder konnte es auch nicht, weil meine Stiefmutter sie immerzu beobachtete.

Am Abend kam mein Vater zurück, er wußte schon, daß seine Frau zurück war, sie war schon den Tag vorher zurückgekommen. Ich sagte ihm, daß ich den Aufbewahrungsschein verloren hätte und daß ich noch einmal zum Gepäckschalter müßte, weil jetzt der richtige Beamte da wäre. Da sagte mein Vater: »Da muß ich wohl mit dir gehen« und nahm seine Mütze. Ich sah aber wohl, wie er meiner Mutter rasch zuzwinkerte. Ich dachte aber, es wäre deswegen, weil auch er mich jetzt nach Hause zurückschicken wollte. Ich war auch ganz einverstanden damit, es gefiel mir in Thurow gar nicht mehr, nur Sophie hätte ich gerne mitgenommen. Das ging aber an diesem Abend nicht, vielleicht konnte ich es am nächsten Tage versuchen.

Als wir in Brüel ankamen, sagte mein Alter: »Neulich hast du einen für mich ausgegeben, Felix, heute will ich einen für dich ausgeben.«

Wir setzten uns in einen Krug und tranken. Mein Vater tat so, als müsse er noch zu einem Stellmacher ran, und ich glaubte es ihm da auch, in Wirklichkeit ist er auf die Polizei gegangen. Als mein Alter wiederkam, sagte er: »So, Felix, jetzt wollen wir auf den Bahnhof gehen.« Ich hatte unterdes tüchtig getrunken und wollte auch einen ausgeben, aber mein Vater hatte es plötzlich eilig. Wir kamen auf den Bahnhof, und es ist mir gar nicht aufgefallen, daß am Gepäckschalter ein Gendarm stand, ich bin wie ein Schaf in mein Unglück gelaufen. Ich habe allerdings auch nie geglaubt, daß der eigene Vater so gemein zu seinem Sohn sein könnte. Ich habe den Mann am Gepäckschalter gleich wiedererkannt, aber er hat gesagt, er kann sich nicht erinnern. Wir haben ihm das Rad beschrieben, und er hat nachgesehen, aber es war kein solches Rad in der Aufbewahrung. Da hat mein Vater König mit ganz lauter Stimme gesagt: »Felix, gesteh es ein, du hast mir das Rad geklaut und es verscheuert.«

»Nein«, habe ich gesagt. »Ich habe es bestimmt hier abgegeben, und wenn es nicht mehr da ist, hat einer den Gepäckschein gefunden und es abgeholt.« Da hat mein Vater nur gelacht und gesagt: »Bitte, Herr Wachtmeister! Sie haben alles selbst mit angehört, ich übergebe Ihnen diesen Burschen; ich will nichts mehr von ihm wissen.« Und der Wachtmeister hat mir die Kette angelegt, und mein Vater ist fortgegangen und hat mir nicht einmal die Hand gegeben und gute Nacht gesagt.

Nun denken Sie selbst nach, Herr Richter! Ich habe Ihnen so viele Diebstähle eingestanden, was ich gar nicht nötig gehabt hätte und eigentlich auch gar nicht wollte, wie ich anfing, Ihnen alles zu erzählen, und Mecklenburger Diebstähle sind auch dabei, für die Sie mich einkasten können, und ich will sie auch nicht wieder abstreiten – warum sollte ich nicht das Klauen von so einem lumpigen Fahrrad gestehen? Aber das habe ich nicht geklaut, und dafür will ich freigesprochen werden, und mein eigener Vater soll mit Schande bedeckt dastehen, weil er den eigenen Sohn unschuldig ins Gefängnis gebracht hat! Das habe ich ein Recht zu verlangen, und ich weiß, was Recht ist, Herr Richter, und darum müssen Sie mich freisprechen in dieser Sache! Denn ich habe auch meine Ehre, und die verbietet mir, den eigenen Vater zu bestehlen, aber mein Vater hat keine Ehre, denn die verbietet ihm nicht, den eigenen Sohn unschuldig ins Gefängnis zu bringen.

Und wenn Sie jetzt eine Zigarette für mich hätten,

Herr Richter, ich verspreche Ihnen, ich rauche sie erst abends in der Zelle nach Einschluß, Sie fallen bestimmt nicht mit mir rein! Mit mir ist noch keiner reingefallen. Ich habe Ihnen so viel gute Anklagen gegen mich gegeben, das macht Sie doch beliebt bei Ihren Vorgesetzten, daß Sie das alles rausgekriegt haben von mir, trotzdem ich Ihnen doch alles ganz freiwillig erzählt habe!

Also wieder nicht? Na, auch schön. Das sage ich Ihnen aber, Herr Richter, berufen Sie sich nicht auf mich, ich weiß von gar nichts, ich habe mir den ganzen Kohl nur ausgedacht, damit Sie mir eine Zigarette schenken, und wo Sie das nicht tun, streite ich alles ab. Nicht nur das Fahrrad! Das sowieso! Und alles andere auch! Alles! Alles –!

Anhang

Zu den Texten

Die Geschichte »Sachlicher Bericht über das Glück, ein Morphinist zu sein« läßt eine Reihe autobiographischer Aspekte erkennen. Der Ich-Erzähler wird Hans genannt – für das Pseudonym Hans Fallada hatte sich Rudolf Ditzen im Frühjahr 1919 entschieden. Seit Ende 1916 in Berlin lebend, wohnte er zuerst in Schöneberg, dann in Wilmersdorf zur Untermiete; er arbeitete bis zum Sommer 1918 nahe dem Anhalter Bahnhof bei einer Kartoffelbaugesellschaft m.b.H., und er fand sich – über die Friedrichstraße (dort, Ecke Behrenstraße, lag das Pschorr-Bräu) und den Alexanderplatz hinaus – auch im Osten der Stadt zurecht.

Betäubungsmittel waren dem jungen Ditzen in verschiedenen Sanatorien verordnet worden. Jetzt, im November 1918, kam er mit Wolfgang Parsenow, dem Sohn einer Bekannten, zusammen, der Narkotika im Krieg kennengelernt hatte und gerade »aus dem Felde« heimgekehrt war. »Wir haben dann«, erzählte der Autor 1931 in einem Brief, »wie Pech und Schwefel zusammengehalten, er hat mir immer Morphium besorgt und ich ihm Geld.« Ditzen, in der Tat »ein wenig bemittelt«, verfügte monatlich über vierhundert Mark – viel Geld für einen fünfundzwanzigjährigen Junggesellen, Geld allerdings aus der Schatulle seines Vaters, das nicht für Morphiumkäufe vorgesehen war oder für die Taxen der Autos während der Jagd nach dem »Stoff«.

Falladas »schlimme Berliner Zeit« umfaßte die erste Hälfte des Jahres 1919. Ende Juni verließ er die Stadt, und Mitte August trat er eine Entziehungskur an. Ein entscheidendes Ereignis seiner Biographie spart er hier aus: In Berlin hatte er zwei Jahre zuvor an einem Roman zu arbeiten begonnen – drei Viertel der elterlichen Unterstützung waren als »Vorempfang« auf das Erbteil für ein »schriftstellerisches Versuchsjahr« gedacht –, und er schloß ihn, seinen Erstling »Der junge Goedeschal«, im Juli 1919 ab.

In diesem Bericht beschränkte er sich auf das gegebene Thema. Die Phase seiner Sucht und der Zeitraum, in dem die Geschichte spielt, müssen nicht übereinstimmen, und sie tun es auch nicht. In den ersten Nachkriegsmonaten beherrschten die Pferdedroschken das Feld, und bis in die zwanziger Jahre verkehrten Pferde- und Kraft- oder Autodroschken nebeneinander. Daß es den beiden Freunden möglich ist, fortwährend ein Auto zu nehmen, entspricht einer Sachlage, die Fallada erst bei Stippvisiten 1925 und 1929 und während seines im Januar 1930 beginnenden nächsten längeren Berlin-Aufenthalts gewahren konnte.

Die Entstehungszeit läßt sich mittelbar bestimmen. Bald nach dem Abschluß der Entwöhnung, im Juni 1920, machte der Autor seinem Lektor im Rowohlt Verlag, Paul Mayer, die Eröffnung, er wolle in einem Novellenband »die Wirkungen der Reizstoffe Morphium, Kokain, Bilsenkraut etc.« untersuchen. Im Juni 1925 teilte er Heinz Stroh mit, Lektor bei J. M. Spaeth, daß er vorhabe, eine »Morphium-Novelle« zu beginnen, und man kann davon ausgehen, daß er einen Entwurf oder eine erste Fassung auch zu Papier brachte. (Zwei andere Erzählungen des Jahres 1925, »Der Trauring« und »Länge der Leidenschaft«, gliederte er dito durch bezifferte Abschnitte – ein Verfahren, das er in der kurzen Form nur 1931 noch einmal anwandte.)

Das Manuskript, acht Blatt, fünfzehn Seiten, in Falladas »Schreibschrift« (nicht in der »Schönschrift«, der Arbeitshandschrift des Gutsbeamten, die er bis 1925 auch für seine belletristischen Texte benutzte), stellt offenbar eine Überarbeitung oder eine Neufassung aus der Zeit um 1930 dar. Es wurde vermutlich in einem Zug niedergeschrieben und weist Einfügungen am Rande auf sowie zahlreiche stilistische Korrekturen; gelegentlich läßt es sich schwer entziffern. Wir folgen dieser Handschrift; offensichtliche Schreibfehler wurden berichtigt, Orthographie und Interpunktion nach den Regeln des Duden revidiert.

Ob Fallada versucht hat, das Manuskript zu veröffentlichen - 1931 und 1932 brachte er etwa dreißig Geschichten, Skizzen und Feuilletons in Zeitungen und Zeitschriften unter –, entzieht sich unserer Kenntnis. Der postume Abdruck in einem Blatt der Regenbogenpresse (»Neue Illustrierte«, Köln, 19. November 1955) war um nahezu ein Drittel gekürzt worden, marktschreierisch aufgemacht (»Der tödliche Rausch. Das letzte Manuskript des Dichters Hans Fallada«) und mit einem Vorspann versehen, in dem ein Anonymus behauptete, daß Fallada »durch seine Morphiumsucht verkam und schließlich an ihr starb«; er hätte nicht mehr die Kraft gehabt, »sich freiwillig einer Entwöhnungskur zu unterziehen«.

Der Originaltitel wäre, so hieß es, von »grausiger Ironie«, und dem Faksimile eines Stücks der Handschrift gab man folgenden Kommentar: »Mit zitternder Hand machte Hans Fallada seine letzten Aufzeichnungen. Dieser Ausschnitt aus dem Manuskript zeigt schon die Zerstörung der Nerven: Der Dichter, der früher seine Arbeiten mit zierlicher gestochener Handschrift aufzeichnete, kann die Buchstaben nicht mehr bändigen.«

Die Wiedergabe des Textes war ähnlich skandalös. Um seine unsinnigen Behauptungen zu stützen tilgte der Redakteur Hinweise auf die zwanziger Jahre und strich den Schlußsatz. Auch vieles von dem, was er nicht entziffern konnte, ließ er aus. Lesefehler unterliefen ihm dennoch zur Genüge, und er redigierte Falladas Manuskript häufig im Stil eines Schmock.

Die »Tagesdosis von achtzig Spritzen« verringerte er auf acht; die Zahl achtzig steht klar lesbar in Ziffern. Eine analoge Mengenangabe - Wolf fordert den Freund auf, mit den hundert Kubikzentimetern sparsam umzugehen: »Daß wir heute reichen.« – wurde durch ein Falsum (»Das wird heute reichen.«) relativiert. Ein Nachdruck der deformierten Fassung erschien in dem Band »Rauschgiftesser erzählen. Eine Dokumentation von Edward Reavis«, Frankfurt am Main 1967.

Das Fragment »Drei Jahre kein Mensch« stellt sich nur scheinbar als ein autobiographisches Dokument dar. Viele Fakten des Berichts hat der Autor erlebt oder mit angesehen, nicht wenige aber auch verändert oder erfunden, und die mühselig aufrechterhaltene Fiktion, es gehe hier um das erste Vergehen des »Hans Fallada aus Neustadt«, schränkt die Authentizität weiter ein. (Im Titel wird die Dauer beider Strafen summiert.)

Seit dem 1. Juli 1925 Rendant der Gräflich Hahnschen Gutsverwaltung in Neuhaus / Holstein, unternahm Rudolf Ditzen am Sonnabend, dem 12. September, eine Dienstreise mit dem Gutswagen nach Lütjenburg und mit der Bahn weiter nach Kiel; am 14. erwartete man ihn mit viertausend Mark in bar und einem Wechsel über zehntausend wieder zurück. Niemand ahnte, daß der Rendant alkoholabhängig war und die Bücher manipuliert hatte, und Hoffmann, der Administrator, glaubte an ein Unglück, als sein Mitarbeiter ausblieb. Erst am Donnerstag, dem 17., stieß er in dessen Papieren auf Unterlagen, die eine Untreue vermuten ließen.

Daß Ditzen sich auf solch eine »Probe« gestellt haben könnte, ist durchaus denkbar. Die Behauptung, sieben Jahre an die Sucht gekettet gewesen zu sein, erweist sich dagegen als extrem übertrieben. Im Bordellgäßchen war er, das trug der Portier des Kieler Hansa-Hotels dem Gutsverwalter zu, tatsächlich bekannt. Eine verstiegene Flucht setzte er nicht in Szene: Ihn zog es, vermutlich schon am Sonntag, dem 13. September, nach Lübgust bei Gramenz / Pommern; dort, vom 26. März bis zum 30. Juni in der von Rohrschen Gutsverwaltung Rechnungsführer, hatte er, so schrieb er am 20. Juli an Heinz Stroh, seine Liebe lassen müssen.

Anlaß, ins Pommersche zurückzukehren, war allem Anschein nach diese Frau. »In Lübgust«, hieß es in jenem Brief weiter, »herrscht natürlich große Betrübnis, und mir macht dieser Kummer ein wenig Kummer.« Ob Ditzen seiner Liebsten nun mit Geld aushelfen wollte oder ob sie gar von der Sache wußte und Einfluß auf ihn nahm – er überantwortete sich am Freitag, dem 18., zum zweiten Mal ein »Selbststeller«, in Gramenz dem Amtsvorsteher: Bei von Rohr habe er fünf-, bei Graf Hahn zehntausend Mark unterschlagen. (In Lübgust bezifferte man den Schaden auf etwas mehr als tausend Mark; in Neuhaus forderte man die vom Delinquenten geschätzte Summe ein.)

Im Winter 1924/25, in der Obhut seines Freundes Kagelmacher, hatte sich Ditzens Alkoholkonsum in Grenzen gehalten; im Frühjahr 1925, allein in einer neuen Stellung, schlug er über die Stränge. Das Salär reichte nicht; die Beihilfe der Eltern, die den Großteil ihres Vermögens in der Inflation verloren hatten, war ausgeblieben; was ihm fehlte, beschaffte er sich durch falsche Buchungen. Am Ende sah er nur einen Ausweg: Eine längere Strafe würde, das erklärte er auch Paul Mayer, der ihn in der Haftanstalt Berlin-Moabit besuchte, zur »endgültigen Alkohol-Entziehungskur« werden. (Das »Rote Schloß«, das Königliche Polizeipräsidium, hat Ditzen wahrscheinlich nie betreten; dem Kieler Oberstaatsanwalt zufolge befand er sich bereits am 25. September »im Gerichtsgefängnis Berlin«. Wäre er innerhalb der Stadt von einer Haftanstalt in eine andere gebracht worden, so hätte er den vergitterten Polizeiwagen, der in Berlin »Grüne Minna« hieß, wohl kaum »Grüner August« genannt.)

Die Untersuchungshaft in Kiel erstreckte sich über ein halbes Jahr. Trotzdem entnahm Fallada eine beträchtliche Anzahl der geschilderten Geschehnisse dem Tagebuch, das er vom 22. Juni bis zum 2. September 1924 im Gefängnis zu Greifswald geführt hatte (Hans Fallada: »Gefängnis-Memorial«, Aufbau-Verlag Berlin, in Vorbereitung). Dort ist der Wanzenkrieg fest in die Notizen der ersten Tage integriert und charakterisiert das etwas verschlissene Gerichtsgefängnis mit seinem aus Kaisers Zeiten stammenden Inventar; hier wirkt die Schilderung, meist wörtlich übernommen, aber nur oberflächlich der andersartigen Situation angepaßt – das 1890 fertiggestellte Polizeipräsidium war nach Schloß und Reichstag Berlins drittgrößtes Bauwerk –, mehr oder minder deplaziert. Dort erfährt man, warum Ditzen schreiben durfte; hier wundert man sich, was im Polizeigewahrsam möglich sein soll.

Andere Vorfälle jener Greifswalder Wochen stehen im Tagebuch gleichermaßen in schlüssigeren Zusammenhängen: das Verhör des Nachbarn, der »keinen Paragraphen« hat; der Versuch, Feuer zu schlagen; das Begreifen der Redensart vom schmutzigen Wasser; der Anlaß, das Brot auf biblische Weise zu brechen; das Lernen des Kippenstukens. Das »Spinnen« der Untersuchungshäftlinge hatte der Autor bereits in dem Artikel »Stimme aus den Gefängnissen« erörtert (»Das Tage-Buch«, Berlin, 3. Januar 1925), und den Titel »Robinson im Gefängnis« in einem an Franz Hessel gerichteten Brief vom 7. Juli 1925 als den des Romans genannt, an dem er gerade arbeite.

Erst vom achten Abschnitt an bringt er die zuletzt gesammelten Erfahrungen mit ins Spiel. Die »kleinen Schikanen« blieben auch ihm nicht erspart. Auf einem Bogen mit dem hektographierten Kopf »Gerichtsgefängnis zu Kiel, den ...« samt Hinweisen auf Regeln für Untersuchungs- wie für Strafgefangene, das Datum »21. 10. 1925« und der Absender »U.Gef. Ditzen, Rudolf; V 333« von fremder Hand, hat ein Brief an Dr. Fritz Bechert überdauert; ein anderer an den Schwager und Rechtsanwalt vom 31. Oktober 1926, »vier Seiten Klein-Oktav« auf einem Vordruck aus dem Zentralgefängnis Neumünster, ist mit der Weisung ausstaffiert: »Nicht auf die Ränder oder zwischen die Zeilen schreiben!«

Am Ende des Abschnitts stellte Fallada – nachträglich, per Hand – das Wörtchen »human«, das die Art des praktizierten Strafvollzugs kennzeichnen sollte, in Anführungszeichen. Er hielt nicht viel von diesem – wie es offiziell hieß – »Strafvollzug in Stufen«. Mit dessen Formen der Haftmilderung und der Vergünstigungen (längere Freistunde, häufigere Besuche und Korrespondenzen u.dgl.m.) hat er sich hier nicht mehr auseinandersetzen können. Das holte er im Roman »Wer einmal aus dem Blechnapf frißt« nach.

Von den zweieinhalb Jahren Haft, die das Schöffengericht Kiel am 26. März 1926 über ihn verhängte, hatte Ditzen noch zwei im Zentralgefängnis Neumünster abzusitzen. Danach entwöhnt und »gründlich geheilt«, schloß er sich dem Guttemplerorden an. Er nahm die Verbindung zum Rowohlt Verlag wieder auf, lernte seine spätere Frau kennen und bekam im Herbst 1928 eine Anstellung an einem Neumünsteraner Lokalblatt. Gleich nach der Trauung, Anfang April 1929, fuhr er mit Frau Anna für ein paar Tage nach Berlin und traf mit Ernst Rowohlt und Paul Mayer zusammen. Im Sommer ließ er den Verlag wissen, daß er einen Roman über eine Kleinstadtzeitung schreiben werde.

Die Erfahrung Gefängnis gab ihn nicht frei. Anfang Oktober teilte er Hans Kagelmacher mit, daß eine Berliner Zeitung eine Artikelserie über seine Häftlingszeit wünsche, und am 5. November schickte er den »ersten kleinen Abschnitt« seiner »Gefängniserinnerungen« dem Rowohlt Verlag. Dann überstürzten sich die Dinge: Mitte November trug der Verleger seinem Autor der Jahre 1920 und 1923 einen Arbeitsplatz an, und am 16. Januar 1930 begann Rudolf Ditzens fast zweijähriges Gastspiel als Verlagsangestellter in Berlin.

Die Niederschrift erfolgte augenscheinlich unter nicht sehr günstigen Umständen; sie zeigt alle Merkmale eines Entwurfs oder einer Probe. Dennoch nimmt das Fragment seinen Platz ein unter Falladas Versuchen, die Praxis des Strafvollzugs der zwanziger Jahre zu beurteilen und mit ihr ins Gericht zu gehen.

Das Typoskript, wahrscheinlich eine Kopie des an Rowohlt gegebenen Textes, weist ein paar handschriftliche Korrekturen auf. Es umfaßt sechsundzwanzig Seiten; der letzte Abschnitt war ursprünglich der elfte; der Autor nahm dreieinhalb Seiten heraus und paginierte die Seiten 28 und 29 in 25 und 26 um. Wir folgen wiederum den Regeln des Duden.

Das überlieferte Bruchstück des Romans, den Fallada in seinen Arbeitspapieren »Unterprima Tott« nennt, läßt schon vom Äußeren her die Vermutung zu, es mache nur einen Teil des Fragments aus. Das erste Deckblatt vermerkt: »Hans Fallada / Unterprima Totleben / Ein Roman« und trägt die Widmung »Meiner geliebten unseligen Jugend«; auf dem zweiten steht: »Erster Band / Die Jugend zuvor«. Die Seite 1 wird überschrieben: »Erster Teil / Der große Tanzstunden-Abschiedsball«, aber bereits am Ende der Seite 19 bricht das Typoskript mitten im Satz ab.

Anfang Juni 1939, der Roman »Kleiner Mann, Großer Mann – alles vertauscht« war diktiert, machte sich Fallada Gedanken über ein neues Buch. Es werde sehr umfangreich werden, ließ er Heinrich Maria Ledig wissen, Ernst Rowohlts Sohn und Geschäftsführer des (seit dem Herbst 1938 zur Deutschen Verlags-Anstalt Stuttgart gehörenden) Rowohlt Verlags; er suche noch Material, zum Beispiel den Lehrstoff der Obersekunda und Unterprima, und selbst »der ›Slang‹ der Pennäler« sei ihm »doch etwas entschwunden«.

Ende des Monats sprach er mit Gustav Kilpper, dem Generaldirektor der DVA, über seinen Plan, und danach teilte er Ledig mit, er wolle Anfang August mit der Arbeit beginnen. Doch es gab eine Vielzahl von Abhaltungen, und als die politische Lage Ende August 1939 immer unheildrohender wurde, entschied sich Fallada für den Roman »Der ungeliebte Mann«, den er wiederum zugunsten eines mißlungenen Filmprojekts unterbrach und erst Ende Mai 1940 abschließen konnte – durchweg Umstände und Situationen, die seine Arbeitsfreude blockierten und ihn depressiv stimmten.

Trotzdem vermerkte er in der Tageskladde den ganzen Juni über als sein Hauptgeschäft: »Tott«. Am 1. Juli schrieb er an Kilpper, »nach zwei matteren Büchern« wolle er versuchen, in dieses »Schülerbuch«, das etwa tausendfünfhundert Seiten umfassen würde, »alle Kraft zu konzentrieren«, doch schon am 3. d.M. lag er – »das alte Übel: extreme Schlaflosigkeit und schwere Depression« – im Sanatorium. Er verließ es zwar bereits nach vierzehn Tagen, blieb jedoch in einer trüben Stimmung. Im August und September sah er das Typoskript von »Der ungeliebte Mann« durch und schrieb eine Geschichte, die er für verfehlt hielt.

Gleich darauf legte er das Vorhaben »Unterprima Tott« zu den Akten. Er habe den Roman »erst einmal begraben«, meldete er am 27. September seiner Nichte Adelheid Hörig, und am selben Tag eröffnete er einem Bekannten: »Ich bin nicht frisch und konzentriert genug für ein so umfangreiches Werk.« Mitte Oktober ging er erneut ins Kurheim, erlitt im Januar 1941 einen Rückfall und konnte bis Ende März an keine ernsthafte Arbeit denken. Am 11. April informierte er den Rowohlt Verlag in aller Form, daß er den »großen Schülerroman« nicht fortsetzen werde, »von dem zwar ca. zweihundert Druckseiten schon fertig sind, der aber« – so lautete seine offizielle Begründung – »mit seinen mindestens zweitausend Seiten Umfang produktionsmäßig und für Vorabdrucke sehr schwierig ist«.

Was Fallada in seinem Schülerbuch hatte erzählen wollen, wissen wir nicht. Das Treiben in einer Unterprima konnte er nur bedingt aus eigener Erfahrung schildern. Versäumte er in der Obersekunda, Ostern 1910 bis Ostern 1911 am Leipziger Königin-Carola-Gymnasium, rund drei Unterrichtsmonate, so besuchte er, bereits achtzehn Jahre alt, die Unterprima am Fürstlichen Gymnasium zu Rudolstadt nur zwischen den Sommer- und Herbstferien 1911 – ganze acht Wochen.

Der Auftakt des Romans trägt sich am Vorabend des ersten Weltkriegs in einer kleinen Stadt zu. Fallada geht wahrscheinlich vom Frühjahr 1911 aus und denkt offenbar an einen Ort wie Rudolstadt. Doch dadurch, daß er Jensen senior Oberlandesgerichtsrat sein läßt – es gab damals rund dreißig Oberlandesgerichte, das Gemeinschaftliche Thüringische in Jena –, grenzt er die Auswahlmöglichkeiten ein; die Residenz des Fürsten von Schwarzburg-Rudolstadt war Sitz eines Landgerichts.

Auch andere Fakten entleiht Fallada der eigenen Biographie, er splittert sie jedoch auf verschiedene Figuren auf. Willy Jensen, ein musischer junger Mann, soll Jurist werden und steht im Widerstreit zu seinem Richter-Vater; Max Martens, der Hofmannsthal-Verehrer, ist kurzsichtig und leidet an den Folgen eines Unfalls; im Kampf mit der »Mathese« unterliegt der Unterdötz.

Anklänge an Schülerszenen früherer Bücher finden sich ebenfalls. Schon »Der junge Goedeschal« beginnt mit einem Tanzstundenabschlußball (von der Tanzstunde war der Obersekundaner Kai Goedeschal ebenso ausgeschlossen wie der Obersekundaner Rudolf Ditzen); dort scheitert Kai an einer Mathematikarbeit, während Heinz Hackendahl, der jüngste Sohn des eisernen Gustav, als Siebzehnjähriger einmal vorgibt, er müsse »Mathese ochsen. Trigonometrische Gleichungen«.

Die Figur des Willy Jensen versieht der Autor auch mit Merkmalen, die dem Schüler Rudolf Ditzen fehlten. Der »anerkannte Führer« der Klasse bietet dem Lehrer die Stirn; er ist ein guter »Lateiner«, gilt als der Elegant der Obersekunda und versteht es wie keiner, sich der Redensarten und Floskeln zu bedienen, die zur Gymnasiastensprache zählen. (Der »Slang«, die Mischung aus Latein und »latinisiertem« Deutsch, bleibt dem Oberdötz vorbehalten.)

Mit dem alten Jensen, dieser grobschlächtigen und unsympathischen Variante des Staatsrats Goedeschal, verfolgte Fallada wohl weitreichende Absichten. Daß er, ein erklärter Gegner des Klerikalismus, den bigotten Katholiken und Abgeordneten der Zentrumspartei zu einer Figur aus der Riege jener Widerlinge gemacht hätte, die seinen Romanen sozialkritische Drastik verleihen, kann man getrost unterstellen.

Mehrere Kennzeichen sprechen dafür, daß Fallada das Fragment selbst in die Maschine geschrieben hat. In unserer Vorlage, einem Typoskript und einer Kopie von je einundzwanzig Blatt, hat er Tippfehler korrigiert, einen aber gleich auf der Seite 1 übersehen: Professor Graumilch erläutert »den Brief des Cicero an Atticus aus dem Jahre 685«; wir haben in »65« berichtigt. Auf das Markieren der wörtlichen Rede u. dgl. hatte der Autor verzichtet; wir haben Anführungszeichen eingefügt.

Die nachfolgenden fünf Geschichten sind Teil des umfangreichen Manuskripts, das den Roman »Der Trinker« sowie Erinnerungen an die Jahre 1933 bis 1939 enthält und zwischen dem 6. September und dem 7. Oktober 1944 unter unsäglichen Bedingungen entstand: in der Zelle eines »festen Hauses«. Ein zweifelhafter Sachverhalt hatte Rudolf Ditzen eine schwere Anschuldigung eingetragen, der eine Unterbringungshaft in der Landesanstalt Neustrelitz-Strelitz gefolgt war und am Ende ein Strafbefehl über drei Monate und zwei Wochen Gefängnis (siehe dazu: Günter Caspar, »Fallada-Studien«, Berlin und Weimar 1988, Seite 187ff.).

In der Kindergeschichte »Der kleine Jü-Jü und der große Jü-Jü«, am 6. September zum Auftakt und als Nachweis für eine unverfängliche literarische Arbeit geschrieben, schilderte Fallada Episoden aus dem Leben der Familie Ditzen. Mit den Fakten ging er mehr oder weniger frei um. Der Ich-Erzähler ist weitgehend mit Ditzen-Fallada identisch; seine Frau, von ihm Suse und von den Kindern Mummi genannt, kommt Anna Ditzen im großen und ganzen gleich. Der jüngste und der älteste Mitspieler, Sohn Achim, im Frühjahr 1940 geboren, und der Pole Matjä, der seit Ende 1942 auf Ditzens Besitz arbeitete, sind ebenfalls verbürgt. Die Spielgefährten, die Haustochter, die Hilfe tragen beliebige Namen; der Bauer Köller aus dem »Dörp« Carwitz war nicht Gastwirt.

Achims Lebensalter verweist die Handlung in das Jahr 1944; der Krieg wird aus der Sicht des Vierjährigen reflektiert. Eine Krankheit Anna Ditzens ist für diesen Spätsommer nicht belegt, und fern auf seiner Schule war nur der vierzehnjährige Uli, Alumne des Joachimsthalschen Gymnasiums in Templin; Lore, gerade elf, bereitete sich zu Haus auf das Neustrelitzer Lyzeum vor.

In einer »heilen Welt« lebte die Familie allerdings schon seit einiger Zeit nicht mehr. Am 5. Juli 1944 wurde die Ehe annulliert, Rudolf Ditzen für allein schuldig erklärt. Jetzt, aus Strelitz, am 14. September, schrieb er an seine geschiedene Frau: »Ich habe einen schweren Schock erlitten und bin nun aufgewacht.« Und derart macht die Erzählung über den Jüngsten den Eindruck, mit der Beschwörung des vordem harmonischen Umgangs und mit dem Bildnis der starken, umsichtigen Mutter hätte der Autor Anna Ditzen seine Reverenz erweisen wollen.

Das Original existiert nicht mehr; unser Druck folgt einer Zweitschrift: dem Typoskript des »Trinker«-Manuskripts, das der Aufbau-Verlag 1949 hatte anfertigen lassen. (Die ersten sechs Seiten der Handschrift mit der Jü-Jü-Geschichte und dem Anfang des Romans gingen später verloren.) Die wenigen Lücken dieser Abschrift mit Vermerken wie »im Manuskript unklar; etwa: ...« haben wir aus dem Kontext heraus ergänzt und falsch cntzifferte Namen (Matzi für Matjä, Mümmi für Mummi) nach anderen Quellen korrigiert.

Ende 1945 schrieb Fallada eine vordergründige Version für den Druck in einer Tageszeitung (»Der kleine Jü-Jü. Eine Geschichte von Kindern«, in: »Tägliche Rundschau«, Berlin, 1. Januar 1946). Hier schafft sich Achim, einziges Kind auf einem am See gelegenen Hof, den imaginären Gefährten. Der Bauer ist unterwegs, die Bäuerin bettlägerig, als der Junge in die Eisdecke einbricht; die Mutter hört seine Hilferufe, rettet ihn und kommt nieder: Der Fünfjährige hat einen Bruder.

Auch »Die Geschichte von der großen und von der kleinen Mücke«, im Anschluß an den Roman »Der Trinker« und die Erzählung »Ich suche den Vater« am 22. September zu Papier gebracht, stellt eine Reminiszenz an das Leben auf dem Carwitzer Anwesen dar. Lore Ditzen, 1933 geboren, hieß in der Familie anfangs Schwesterchen. In der »Geschichte von der Murkelei«, die im November 1936 entstand, erhielt sie, neben Murkel, Träumlein und Windwalt als Mücke auftretend, den Necknamen mittelbar, zwei Jahre später, im Vorspruch zu dem Band »Geschichten aus der Murkelei«, dann auch direkt – und wurde von nun an Mücke gerufen. Seit Ostern 1940 auf der Dorfschule in Carwitz, kam sie im Herbst 1942 auf ein Internat in Potsdam-Hermannswerder – die Pension, die ihr Heimweh macht –, und blieb dort, bis die Luftangriffe auf Berlin die Eltern veranlaßten, das Mädchen Ende 1943 in den Kreis der Familie zurückzuholen.

Von einer Figur aus dem elften Murkelei-Märchen, von jenem Vater, der sich ein Dutzend Kinder wünscht, sechs Jungen und sechs Mädchen, sagte Fallada, als er fünfeinhalb Jahre später, im Mai 1942, das Kapitel »Porträt meiner Kinder« für »Heute bei uns zu Haus« schrieb: »Dieser Mann bin ich selbst ...« Es liegt nahe, die Titelgestalt der (am 23. September entstandenen) Geschichte »Der Kindernarr« ebenfalls als ein zweites Ich zu verstehen. Der Autor verwendet Fakten aus seinem Eheleben, verändert andere und denkt sich die aus, die er für seine Story braucht.

Ditzens waren, als sie heirateten (5. 4. 1929), ebenfalls nicht mehr ganz jung: Er zählte fast sechsunddreißig Jahre, sie achtundzwanzig. Auf das erste Kind mußten sie indes nicht lange warten: Sohn Uli wurde am 14. März 1930 geboren. Als sehr schwer erwies sich Frau Annas zweite Schwangerschaft; am 18. Juli 1933 gebar sie Zwillinge, und eines der Mädchen starb nach drei Stunden; eine gefährliche Thrombose hielt sie weitere zwei Monate im Krankenhaus fest. Knapp sieben Jahre später, mit neununddreißig, brachte sie ihren zweiten Sohn zur Welt (3. 4. 1940). Bei der Trennung der Ditzens spielte der Streit des Paares, der in der Geschichte zum Bruch führt, nur eine untergeordnete Rolle; Scheidungsgrund war Rudolf Ditzens »ehewidriges Verhalten«.

Abermals macht Fallada seiner langjährigen Lebensgefährtin Elogen, doch ein stimmiges Porträt gelingt ihm nicht. In weitaus höherem Maße als der Mann ist die Frau eine fiktive Gestalt, und am Ende geht der Wunschtraum des Kindernarrs ebenso rührselig wie wunderlich aus.

»Swenda, ein Traumtorso«, aufgezeichnet am 1. Oktober, kann man schwerlich als Nacherzählung eines Traums verstehen; Träume aus den ersten Wochen des Gewahrsams liegen der Skizze aber offensichtlich zugrunde. Auf Dinge, die ihm fehlten, auf Probleme, die ihn bedrückten, auf seine Lage wies der Autor zudem mittels des Oder-Titels hin.

Frau St., das ist Frau Stössinger, führte in Berlin W 15, Lietzenburger Straße 48, eine Pension, in der Rudolf Ditzen, wenn er sich, von 1932/33 an, allein oder mit der Familie in der Stadt aufhalten mußte, meistens logierte. (Das Haus auf der südlichen Straßenseite lag etwa siebenhundert Meter Luftlinie von der Gedächtniskirche entfernt.) Im Januar/Februar 1944 hatte er, vier Wochen Patient der Kuranstalten Westend, mehrere der schweren Luftangriffe auf Berlin aus der Nähe erlebt. H., der Oberpfleger der Strelitzer Anstalt Holst, war die rechte Hand des leitenden Arztes, Medizinalrat Dr. Hecker.

Bereits Anfang der dreißiger Jahre hatte Fallada sich eine »klitzekleine Schrift« zur Gewohnheit gemacht, eine – wie Anna Ditzen sagte – »Fliegenschrift«: gleichmäßig, aber flüchtig und nicht leicht zu lesen. Jetzt, in der Haft, schrieb er als »Schutz gegen neugierige Nachschnüffler« extra klein, und die Erinnerungen an die Nazi-Zeit tarnte er ein übriges Mal. Er stellte das mit vierundzwanzig Linien versehene Papier auf den Kopf und füllte die Zwischenräume dergestalt aus, daß er auf den neunundzwanzigeinhalb Zentimeter hohen Blättern bis zu achtzig, teilweise nur zwei Millimeter hohe Zeilen unterbrachte.

Dieser Bereich, in den »Der Kindernarr« und »Swenda, ein Traumtorso« mit deutlich hervorgehobenen Überschriften eingereiht sind, läßt sich mit bloßem Auge kaum entziffern.

Im Stoff geht die am 22. September aufgeschriebene, von uns an den Schluß gestellte monologische Erzählung »Ich suche den Vater« wahrscheinlich auf einen Mithäftling zurück, auf einen Bericht, der Fallada zu Ohren gekommen war. In der Zelle verfügte er allein über sein Erinnerungsvermögen, und es gibt keine Anhaltspunkte dafür, daß er sich in jener Region Mecklenburg-Schwerins so gut auskannte, wie seine Beschreibung es auszuweisen scheint.

Der Sechzehn-Tage-Marsch führt den Vierzehnjährigen quer durch ein anderes Land, durch Preußen; die Route, die Orte bleiben ungenannt. Dagegen wird das Gebiet um die drei Kleinstädte Brüel, Warin und Neukloster exakt skizziert: Den Wegen über die Chausseen und Landstraßen in die Dörfer Zurow und Thurow kann man ebenso folgen wie den Fahrten mit der Eisenbahn.

Der Hergang spielt sich in den Jahren der Weimarer Republik ab. Es ist die Zeit der Schnitter und der Schnitterkasernen auf den großen ostelbischen Gütern. Der Terminus »Landjäger« für den Landgendarmen wurde in Preußen (und weiteren Freistaaten) 1919 eingeführt; eine Reihe anderer Details deutet auf die Spanne zwischen 1924 und 1932 hin.

Die letzten vier Geschichten teilen wir nach dem Manuskript mit. Unebenheiten, Versehen und Irrtümer sind den Umständen der Entstehung geschuldet; in Rechtschreibung und Zeichensetzung folgen wir nach wie vor den geltenden Regeln.

Die Handschriften und Typoskripte, die unserem Abdruck zugrunde liegen, zählen – die Vorlage für »Der kleine Jü-Jü und der große Jü-Jü« ausgenommen – zum Bestand des Nachlasses. Über den »Sachlichen Bericht« und die beiden Fragmente verfügt das Hans-Fallada-Archiv Feldberg. Die letzten vier Geschichten sind Teil des »Trinker«-Manuskripts, das die Stiftung Archiv der Akademie der Künste Berlin und Brandenburg bei der Übergabe im Jahre 1995 einbehielt.

G. C.

Marginalien zu Falladas Nachlaß

1

Während er das Buch schreibt, das – frei nach Čapek – den Arbeitstitel »Das Jahr des Schriftstellers« trägt, verkündet Fallada seinem derzeitigen Partner im Rowohlt Verlag, Alfred Günther, in einem Brief vom 21. April 1942: »Ich lüge manchmal schrecklich ...« Zum Schluß versieht er »Heute bei uns zu Haus« mit dem Untertitel vom »Erfahrenen und Erfundenen«, der warnen soll vor der übereilten Folgerung, es handele sich um eine Autobiographie, und erklärt im Vorwort, er habe niemanden »auf ›Ähnlichkeit‹ porträtiert«, nicht einmal den Autor.

Bisweilen plaudert er freilich aus der Schule. Vieles von dem, was er im Kapitel »Ruhe, jetzt wird gearbeitet!« über seine Schaffensweise erzählt, die Bedingungen und das Drumherum der Niederschrift, den Wettlauf mit dem Tagespensum und der Wochenleistung, das Spiel mit dem »Überhang«, läßt sich an Hand der mit Daten versehenen Manuskripte bestätigen. Und der Bericht, wie er zwischen zwei Büchern oder während einer Unterbrechung den liegengebliebenen täglichen Kram aufarbeitet – Rohbilanzen macht, Bücher neu gruppiert, Bücher- und Schallplattenlisten führt, Fotografien einklebt, Schränke aufräumt und seine Postmappe leert –, wirkt zwar wie ein Resümee, kann jedoch mittels der Kladden aus den Carwitzer Jahren im einzelnen belegt werden.

Von 1934 bis 1944 registrierte Fallada nahezu täglich in Stichworten seine literarische Arbeit, die Vorhaben auf Hof und Feld, das Wetter, wichtige Besucher, Fahrten und Reisen, besondere Vorfälle und nennenswerte Tätigkeiten. »Korrespondenz« oder »Briefe« sind die häufigsten der sporadischen Eintragungen; gleich danach folgen die übers Budget: »Kassenbuch« oder »Kasse« und später »Bilanzen«. Von Anfang an werden »Bücher geordnet« und »umgeräumt«; danach taucht das »Bücherverzeichnis« auf, dann das der Schallplattensammlung. Vor allem in den dreißiger Jahren geht es um die Fotos; im Krieg sind die Filme knapp.

Ausdrückliche Hinweise, daß er für die Handschriften, den Briefwechsel, die Sammlung der Rezensionen und dergleichen mehr ein Archiv eingerichtet hat und unterhält, gibt der Autor in den Notizen nicht, und in entsprechenden Bemerkungen der Korrespondenz vermeidet er die direkte Erwähnung. So teilt er, gerade auf dem Carwitzer Anwesen heimisch geworden, am 15. Oktober 1933 Ernst Rowohlt mit: »Alle Mappen und Mäppchen sind geordnet, alle Briefe geschrieben, der Pedant ist befriedigt – und morgen geht's mit Volldampf in ›Kippe oder Lampen‹.« Und am 21. März 1934 erzählt er seiner Mitarbeiterin Dora Preisach, der er kurz zuvor das Manuskript von »Wir hatten mal ein Kind« in die Maschine diktiert hat, beim Anblick seiner so »schön geordneten Schränke« habe »Freund Suhrkamp« einmal »mit ernster Mißbilligung« gesagt: »So was mag ich aber gar nicht. So was kann man nicht einmal sehen.«

Mit der Behauptung, ein Pedant zu sein, scheint Fallada regelrecht zu kokettieren; wann immer er sich so nennt, glaubt man, einen selbstironischen Unterton herauszuhören. »Oh, was für ein Pedant ich bin, ich weiß es wohl!« heißt es in »Heute bei uns zu Haus«. Im Frühjahr 1933, den verwilderten Garten in Berkenbrück erschließend, meint er gar, nie käme die Ordnung zustande, die sein »pedantisches Herz« erfreute. Der ehemalige Gymnasiast und Schüler des Altgriechischen kennt den Ursprung des Wortes – ob er es hier wohl mit »schulmeisterlich« übersetzt?

In »Heute bei uns zu Haus« will Fallada glauben machen, seine Ordnungsliebe sei eine Reaktion auf verbummelte Jahre. Tatsächlich tritt sie als ein Element seine Herkunft zutage, als eine Folge der strengen Erziehung, und sie bildet sich zu einem Charakter-, einem Wesensmerkmal aus, das sich eine Zeitlang überdecken, nicht aber aufheben läßt. In den Berufen, die er zwischen 1913 und 1925 ausübt, gilt Genauigkeit als selbstverständlich (und Sorgfalt ist sogar eine Vorbedingung der Falschbuchungen, die den Rendanten hinter Gitter bringen), und der Literat kommt nicht aus ohne Prägnanz der Gedanken und Empfindungen, ohne Treffsicherheit in Wörtern und Wendungen.

Die Versuche des jungen Ditzen, der Bürgerwelt zu entlaufen, schlagen fehl. Durch das Schreiben löst er sich von der Familie und ihren Traditionen. Seine Flucht erst ins Morphium, dann in den Alkohol endet im Desaster – Leichtfertigkeit wird zur Kehrseite der Akribie. 1924, im Gefängnis zu Greifswald, geht er mit sich selbst ins Gericht; es sei bei ihm, so die Tagebuchnotiz vom 28. Juni, immer das alte Lied: »Ob es sich um Geld, Tabak oder Schnaps handelt, solange ich habe, verbrauche ich drauflos ...« Zehn Jahre später, in einem Brief vom 12. Oktober 1935, gesteht er seinem Verleger ein, daß er »oft leichtsinnig mit dem Gelde gewesen« sei, und er fügt hinzu: »Aber wäre ich ein sparsamer Haushalter und besonnener Geschäftsmann, schriebe ich wohl keine Bücher.«

Gleichwohl vermeidet er jeden Anschein, ein Bohemien zu sein. Er fühlt sich nicht als Künstler, er tritt nicht wie einer auf. Er bezeichnet sich nicht als Schriftsteller, er nennt sich einen Bücherschreiber. Fallada, ein ebenso penibler wie unbedachter Mensch, schreibt Buch um Buch unter Bedingungen, die ihn, physisch wie psychisch, auslaugen. Er arbeitet bis zum Exzeß und erleidet am Ende fast regelmäßig einen Kollaps.

2

Bereits als Sechzehnjähriger neigt Ditzen zu Affekthandlungen. Mit siebzehn kommt er zum ersten Mal in ein Sanatorium. Achtzehn Jahre alt und gewillt, sich umzubringen, fingiert er mit einem ebenfalls zum Suizid bereiten Freund ein Duell, überlebt es schwer verletzt und wird wegen »Tötung im Zweikampf« für anderthalb Jahre in eine Heil- und Pflegeanstalt gesteckt.

Später, mit dem literarischen Erfolg, wächst seine Sensitivität. Fallada scheut die Öffentlichkeit. Nur 1932 ist er gelegentlich im Rundfunk zu hören. Seinen Lesern geht er grundsätzlich aus dem Weg. Namentlich nach der Veröffentlichung des Romans »Wer einmal aus dem Blechnapf frißt« plagt ihn die Furcht, jemand, der die Ditzen-Biographie kennt, könnte ihre Schattenseiten vor aller Welt publik machen.

Falladas Hauptwerk entsteht zwischen 1930 und 1946, und zwölf dieser siebzehn Jahre existiert das »Dritte Reich«. Die elftägige »Schutzhaft« Ostern 1933 setzt die Kollisionen mit dem NS-Regime in Gang. Die Imponderabilien der faschistischen Literaturpolitik irritieren, die fortwährenden Attacken der NS-Presse verunsichern ihn, die Angst, daß man seine Bücher verbieten könnte, bringen ihn aus der Fassung.

Seine Veranlagung, vor schwierigen Fragen zu kapitulieren, setzt sich durch, und er reagiert häufig depressiv. Nicht nur die exzessive Arbeitsweise, auch seine psychische Disposition zwingen ihn in ärztliche Obhut und zur Rehabilitation in Kliniken und Sanatorien. Manchmal kann er sich am eigenen Schopf aus dem Schlamassel ziehen; meistens muß ein Arzt ihn mit Medikamenten oder Schlafkuren aus dem Tiefstand herausholen und ihm helfen, wieder auf die Beine zu kommen.

Sein Mißmut mit sich und der Welt wächst von Jahr zu Jahr. Zugeständnisse wie das »Blechnapf«-Vorwort zahlen sich nicht aus. Stoffe, die ihm am Herzen liegen, sind unerwünscht. Auf der Suche nach Themen, die nicht im Visier des Zensors stehen, stößt er auf immer neue Tabus. Zu Anfang des Krieges schreibt er Romane, die in erster Linie unterhalten, und zuletzt, als es an Papier für Bücher fehlt, verfaßt er Vorlagen für Filme und maßgerechte Texte für illustrierte Blätter – er braucht das Geld.

Die Folgen der politischen Konzessionen, die Fallada macht, wenn er glaubt, sich diesem oder jenem Auftrag nicht entziehen zu können, fallen allein auf ihn zurück. Er ist sich selbst am meisten zuwider, und die Gegner haben den längeren Atem. Dem Roman vom eisernen Gustav, der die Vorlage für den Film mit Emil Jannings abgeben soll, fügt er im Herbst 1938 den gewünschten »Nazi-Schwanz« an; doch der Streifen wird nicht gedreht, und das Buch trägt ihm »die wüstesten Angriffe« ein.

Im Sommer und Herbst 1943 folgt er einer Einladung, im besetzten Frankreich und im okkupierten »Sudetengau« Einrichtungen des »Reichsarbeitsdienstes« zu besuchen, und erlebt, wieder heimgekehrt, die böse Überraschung, daß man dabei ist, den Rowohlt Verlag stillzulegen. Im Oktober 1938 war Ernst Rowohlt, Verleger, Berater, Beistand seit 1919, kaltgestellt worden; nun, Oktober 1943, wird der Verlag ganz liquidiert. Unvermittelt steht Fallada ohne den langgewohnten Rückhalt da.

Vieles kommt zusammen. Jahrelang hat er sein kleines Gehöft perfekt geführt, zu Beginn des Krieges noch mit sieben Arbeitskräften. Nun ist er auf einen »Zivilpolen«, den alten Matjä, angewiesen, und auch für Frau Anna gibt es keine zureichende Hilfe. Anfangs empfand er das stille, schön gelegene Carwitz als Zuhause. Seit einiger Zeit glaubt er, im Dorf der Außenseiter, »auf einem Präsentierteller« zu sitzen – angefeindet von Neidern, Klatschmäulern und Denunzianten.

Auch die Ehe steht auf dem Spiel. Früher schien er ohne Frau Anna, sein »Kindermädchen«, verloren; war er allein, fand er sich nicht zurecht, trank und machte Seitensprünge. Jetzt, vor der Frankreich-Fahrt, besucht er in Feldberg den Stammtisch; danach – im Haus ist es eng geworden, seine Mutter und Verwandte seiner Frau haben Unterschlupf vor den Luftangriffen gefunden – verkriecht er sich in den Anbau, und er geht, heimlich, doch vor aller Augen, eine Liaison ein mit einer fast dreißig Jahre jüngeren ehemaligen Haustochter.

Mitte Januar 1944 kommt es zum Zerwürfnis. Frau Anna fährt aus der Haut. Ditzen sucht das Weite; er geht nach Berlin in die Kuranstalten Westend, dann ins thüringische Eisfeld. Seit dem Frühjahr zurück in Carwitz, verfällt er wieder in seine ruinösen Gewohnheiten und wird Anfang Juli, nach fünfzehn Ehejahren, schuldig geschieden. Acht Wochen später macht er, unter Alkohol stehend, Anna Ditzen eine böse Szene, und das Gerücht, sie bedroht zu haben, genügt: Man weist ihn in die Landesheilanstalt ein.

Dort, in strenger Isolation und unter widrigen Bedingungen, kommt er zur Besinnung. Er setzt ein Testament auf zum Vorteil der Familie, und er schreibt fast so konzentriert und produktiv wie in seinen besten Zeiten – am Ende für Tochter Mücke die fidele Geschichte vom frechen Dachs. Anfang Dezember nimmt ihn Frau Anna erneut in Carwitz auf. Er habe sich mit ihr ausgesöhnt, heißt es am 24. Dezember in der Tagesnotiz; fünf Tage später vermerkt er seine Verlobung mit Ulla Losch.

3

Am 27. September 1944 übergibt Rudolf Ditzen dem Sozius des Neustrelitzer Anwalts und Notars, der ihn seit der Scheidung vertritt, seinen »letzten Willen«. Zur »alleinigen Vorerbin« wird Anna Ditzen bestimmt. Als »Vorausvermächtnis« wird ihr das gesamte Carwitzer Hauswesen übertragen, und sie wird autorisiert, über Falladas »literarisches Gesamtwerk einschließlich des literarischen Nachlasses zu verfügen«. »Nacherben« sollen zu gleichen Teilen die drei Kinder sein, Ulrich, Lore und Achim.

Vier Wochen später, am 25. Oktober, wird sein Entschluß notariell beglaubigt, den Kindern »im Wege der verfrühten Erbfolge« das Grundstück mit allem lebenden und toten Inventar schon jetzt zu übereignen. Ausgenommen sind die Gegenstände seines »persönlichen

Bedarfs«, darunter die Bücher und die Manuskripte; Bedingung der Schenkung ist »ein lebenslängliches Nießbrauchrecht und ein unentgeltliches Wohnrecht« für Anna Ditzen, und festgelegt wird, die »Auflassung« solle »alsbald« erfolgen.

Im Text einer Annonce, die er seiner geschiedenen Frau vorschlägt, falls Carwitz ihr verleidet sein und sie einen Tausch gegen ein »arbeitsbequemeres Objekt« vorziehen sollte, skizziert er den Besitz, der einmal sein ganzer Stolz war, kühl und ungerührt: »Landhaus Südmecklenburg, Seelage, 9 Zimmer, reichl. Nebengelaß, Stallscheune,?schuppen, Garage usw., 10 Morgen Land, Obst, Gemüse, Spargel, Kuh, 4 Schweine etc.« Und in der Kladde hält er am 30. Dezember fest, daß die Übertragung von Haus und Hof erfolgt sei.

Die letzte Notiz stammt vom 31.: Nach einer Silvesterfeier mit den Kindern sei er zu Ulla hinausgefahren, und es habe Krach mit Losch gegeben. Nach Klinkekken gelangt er mit dem Rad; dort, auf der Halbinsel im Haussee, steht das Blockhaus, über das jetzt Ursula Losch verfügt und das neben dem Haus ihres Schwagers Ewald liegt, und Krach gibt es, weil der Seniorchef der Berliner Firma »Seifen-Losch« Fallada für einen »Mitgiftjäger« hält.

Rudolf Ditzen und Ursula Losch haben sich wahrscheinlich zuerst im »Mecklenburger Hof« getroffen, dienstags am Stammtisch, Ende 1942 oder Anfang 1943. Näher kommen sie sich offenbar Mitte August 1944. Beide stehen allein da, seine Scheidung liegt fünf Wochen zurück, vierzehn der Tod ihres Mannes, und sie fühlen sich vereinsamt: Falladas Renommee in der kleinen Stadt ist lädiert, und der Ruf der markant geschminkten jungen Witwe aus der Metropole ist denkbar schlecht.

Daß Ditzen vor allem auf die jugendliche Frau aus ist, steht außer Zweifel; schon 1940 befand er: »Bald kommt die Eiszeit.« Sie ist dreiundzwanzig Jahre alt und, so sein Urteil, »auffallend hübsch«. Mit siebzehn hat sie, eine kleine Verkäuferin, den knapp neunundvierzigjährigen Kurt Losch kennengelernt, mit achtzehn seine Tochter zur Welt gebracht; als sie neunzehn war, wurde sie geheiratet, und die Ehe mit ihm, Bonvivant, Maler, unter Künstlern heimisch und seit 1930 Teilhaber des florierenden Unternehmens, hat ihr Äußeres und ihre Gewohnheiten geprägt.

Ditzen und Ulla, ungleich nach Herkunft und Kinderstube, nach Lebensweise und Lebenserfahrung, haben eins gemeinsam: die Lust am Rausch, und beide sind Spielbälle dieser Leidenschaft. Während der zwei zusammen verbrachten Jahre wechseln Phasen einer regulären Nachkriegsexistenz und Trips in die Euphorie einander ab. Am Ende, so legt Ditzen es am 20. Dezember 1946 Frau Anna dar, kommt er sich wie ein Lahmer vor, der bisher geführt wurde, jetzt aber nicht nur allein gehen, sondern auch noch einen Blinden geleiten muß.

Im Januar 1945 siedelt er nach Klinkecken zu Ulla über. Sie heiraten am 1. Februar. Trotz der Plackerei fahren sie häufig nach Berlin, wo es für den, der sich auskennt, noch mancherlei dunkle Quellen gibt. Ende April nimmt die Rote Armee Feldberg ein; Anfang Mai wird Ditzen Bürgermeister. Drei Monate hält er den Strapazen des Amtes stand, dann klappt er zusammen, und im Neustrelitzer Carolinenstift, wohin man ihn und Ulla überführt, stellen die Ärzte Mißbrauch von Opiaten und Barbitursäure fest.

Anfang September schlagen sie sich nach Berlin durch, finden in Ullas demolierter Schöneberger Wohnung Fremde vor und leben dort einen Monat ohne die obligaten Papiere. Dann treffen sie auf Johannes R. Becher, und Becher nimmt sich ihrer ungeklärten Probleme an. Der Aufbau-Verlag schließt sofort Verträge mit Fallada, die »Tägliche Rundschau« druckt seine Geschichten, und in den ersten Novembertagen weist man ihm im sowjetischen Sektor, nahe Schloß und Park Niederschönhausen, Eisenmengerweg 19, ein Haus zu.

Seine Hoffnung, nun der Lotterwirtschaft der letzten

Monate entrinnen zu können, erfüllt sich nicht. Ulla hat Morphium aufgetrieben, und beide verfallen der Droge. (Seine ersten Erfahrungen mit dem zum falschen Zweck verwendeten Mittel liegen mehr als fünfundzwanzig Jahre zurück, ihre nur zwei oder drei.) Die Jagd nach immer neuem »Stoff« – »... und kaum in den Besitz der Beute gekommen schon wieder in Sorgen um die nächste ...« – zermürbt, und die Einkünfte reichen, obwohl Ulla Schmuck verkauft und der Verlag ansehnliche Vorschüsse zahlt, nicht mehr aus. Er entschließt sich im Januar 1946 zur Entwöhnung und sucht die Kuranstalten Westend auf; sie folgt vier Wochen später.

Schon im Februar kann Fallada mit der Arbeit an dem »Krankheitsbericht« beginnen, der den Titel »Der Alpdruck« erhalten wird. Er sei »ein alter Esel«, heißt es am 12. des Monats in einem Brief an Ernst Rowohlt, daß er »so gar nichts« aus seinen Fehlern lerne, immer wieder die gleichen begehe; er werde hier noch weitere neun Wochen verbringen müssen. Doch als man Ulla, die schneller über die Folgen des Gifts hinwegkommt, am 20. März anheimstellt, die Anstalt zu verlassen, geht er mit ihr.

Sie werden rückfällig. Bis zum 30. April machen sie ständig »Beute«. Am Vormittag des 1. Mai setzt Ditzen ein neues Testament auf, am Nachmittag bringt er es, starke Entziehungserscheinungen zeigend, zu Becher, und der von Becher gerufene Arzt, Dr. Kupke, steckt den Patienten in ein nahes Hilfsspital und überwacht die Kur bis zur Rekonvaleszenz. Am 11. Juli ist Fallada wieder zu Haus; Mitte August kann er den »Alpdruck« beenden.

Er weiß, daß es so nicht weitergehen kann, und er trägt sich mit dem Gedanken, die Ehe zu lösen. Bei Ulla, das konstatiert er am 16. September in einem Brief an Anna Ditzen, würden seine Arbeitslust und seine Arbeitskraft verlorengehen. Zwar trennt er sich nicht von ihr, doch im Herbst kann er vier Wochen lang ungestört arbeiten. Mit einer unerhörten Anstrengung und in einem Tempo, das, so am 27. Oktober zu Frau Anna, seine »früheren Rekorde« bricht, bringt er den Roman »Jeder stirbt für sich allein« zu Papier und fühlt sich danach »puppenlustig«.

Es scheint tatsächlich so, als sei er quicklebendig: Am 24. November schickt er dem Verlag den vierten und abschließenden Teil des Typoskripts, in Briefen vom 25., 27. und 29. macht er Vorschläge und äußert Wünsche. In Wirklichkeit ist er am Ende seiner Kräfte, und er greift erneut zur Droge. Am 7. Dezember wird er in die Nervenklinik der Charité eingeliefert; am 19. kommt Ulla nach; für beide lautet die Diagnose: »Morphinismus«.

Ein kurzer Brief aus der Station 6, in dem er um einen Besuch Kurt Wilhelms, seines Verlegers, noch »vor dem Feste« bittet, ist Falladas letzte Nachricht an den Aufbau-Verlag. Wilhelms Antwort vom 23. Dezember, seine Schreiben vom 31. Dezember, vom 11., 18. und 27. Januar des folgenden Jahres bleiben unerwidert. Vergebens wartet man auf die Schlußkorrektur für den »Alpdruck«, und der Roman von den Quangels muß ohne den Autor zum Druck vorbereitet werden.

Seinen Rückfall in alte Torheiten legt Ditzen nicht Ulla zur Last. »Ich bin der Schuldige«, schreibt er am 22. Dezember im letzten Brief an seine Mutter, »ich bin der Mann, ich hätte sie führen und ihr helfen müssen, statt töricht ihren Wünschen nachzugeben.« Am 13. Januar 1947 werden beide, entwöhnt, nach Hause geschickt. Er, den man wenig später in ein Behelfskrankenhaus einliefert, hat noch drei Wochen zu leben.

4

Anfang September 1945 hatte das Ehepaar Ditzen Neustrelitz Hals über Kopf verlassen und war mit sehr kleinem Gepäck nach Berlin aufgebrochen, wahrscheinlich mit einem »Stadtköfferchen« wie die Dolls. Ende des Monats – Bahnfahren ist noch immer ein schwieriges

Unternehmen – macht Ulla sich nach Feldberg auf, um ihre Tochter und ein paar dringend benötigte Sachen zu holen, und muß feststellen, daß das Blockhaus unterdes von Dieben heimgesucht worden ist.

Bereits Mitte Oktober, gleich nachdem man ihm ein Domizil zugesichert hat, läßt Ditzen Frau Anna wissen, daß er auch die Möglichkeit bekommen werde, aus Carwitz die Bücher und die Manuskripte und aus Feldberg den übrigen Besitz nach Berlin transportieren zu lassen. Die Überführung mit einem Lastzug, zu der ja nur die sowjetischen Behörden verhelfen können, zieht sich jedoch eine Weile hin. Erst Mitte Dezember kann Ulla das Archiv und eine Partie Bücher und aus Klinkecken einiges von ihrer Habe heranschaffen, und sie bringt Uli mit – von Carwitz aus läßt sich der weitere Besuch einer höheren Schule noch nicht arrangieren.

In jedwedem Besorgen ist sie unübertroffen, und im Umgang mit Leuten erreicht sie, was sie erreichen will. Ditzen vertraut ihr die Expedierung seiner Manuskripte, Falladas sämtlicher Arbeitsunterlagen also, offenbar bedenkenlos an und setzt wohl voraus, daß sie verstanden hat, von welchem Wert die Papiere für ihn sind. Er verfügt nun, zur Jahreswende, auch über die bisher nur vorabgedruckten Arbeiten – den Roman »Der Jungherr von Strammin« bietet er ohne Erfolg erst dem Aufbau- dann dem Rowohlt Verlag an –, und er versetzt einen Teil seiner Bibliothek, deren Wert er auf insgesamt dreißig- bis vierzigtausend Mark schätzt, um das Rauschgift bezahlen zu können.

Möglicherweise fährt Ulla Anfang des Jahres 1946 ein weiteres Mal nach Feldberg: mit der Bahn, wie eine Bescheinigung vom 5. Januar vermuten läßt. Andere Schriftstücke verweisen auf den zweiten Transport per Lastwagen, mit dem sie Anfang Juli – kurz bevor Ditzen aus Dr. Kupkes Pflege entlassen wird – den Rest ihres Eigentums herbeiholt. Uli Ditzen, der sie begleitet, hat vor allem die Rückfahrt im Gedächtnis behalten: Das Wetter sei gut gewesen; das Mobiliar auf dem offenen

LKW und die ungeschützten Bücher auf dem Hänger hätten keinen Schaden genommen. Mit von dieser Partie ist Mücke – sie wird im Herbst in die dritte Oberschulklasse kommen.

Der erneute Versuch, die Bleibe, in der Ditzens nun seit acht Monaten hausen, mit den geretteten Habseligkeiten wohnlicher zu machen, gelingt ebenfalls nur in Grenzen. Das große Durcheinander bleibt erhalten. Sie haben gute Lebensmittelkarten; das Einfamilienhaus ist, so Ditzen in einem Brief, »eine wirklich hübsche Villa mit sieben Zimmern«; sie bekommen Heizmaterial und »überhaupt mancherlei Hilfen«. Doch Ulla ist keine Hausfrau, und auch mit einer Stütze ist sie nicht imstande, das Haus so zu besorgen, wie es Rudolf Ditzen gewohnt ist – ein Zustand, der ihm schwer zu schaffen macht.

Uli Ditzen erinnert sich des Jahres 1946 als einer für ihn abenteuerlichen Zeit. Er ist sechzehn und hat eine Stiefmutter von fünfundzwanzig, die er beim Vornamen nennt und die sich in ihren vier Wänden kaum auskennt, auf dem Schwarzen Markt aber perfekt. Gelegentlich muß er für sich und die Mädchen kochen: Mücke, dreizehn Jahre alt, Jutta Losch, die gerade sechs wird, und Bärbel, die siebenjährige Tochter der Hausgehilfin. Auch in diesem Herbst sei an geregelte Abläufe nicht zu denken gewesen. Die Aktenbündel hätten gestapelt auf dem Fußboden gelegen, und Jutta hätte in einem Wust von Falladas Papieren gespielt.

Zwischen dem Sich-Entwöhnen im Behelfskrankenhaus, der neuen Hetzjagd des Schreibens und der abermaligen Entziehungskur in der Klinik den altbewährten Zustand seines Archivs wiederherzustellen, das gelingt Fallada nicht mehr. Statt in »schön geordneten Schränken« hinterläßt er die Handschriften und Typoskripte, die Verträge und Urkunden, die Sammlung der Rezensionen, die Korrespondenzen und andere Konvolute in einem ziemlichen Durcheinander.

5

Fallada stirbt am 5. Februar 1947, keine vierundfünfzig Jahre alt und, trotz aller Bedrängnisse und Eskapaden namentlich der letzten Jahre, auch für alle, die ihm nahestehen, unvermittelt und unerwartet früh. Das Testament vom 1. Mai 1946, eine kurze handschriftliche Abfassung, befindet sich noch in der Obhut Johannes R. Bechers, und Becher übermittelt es am 12. Februar dem Amtsgericht Berlin-Pankow. Er und Dr. Kupke hatten Ditzen an jenem Nachmittag in einem äußerst desolaten Zustand angetroffen – »völlig geschäftsunfähig« nach dem Urteil des Arztes –, doch über die Sachlage am Vormittag wissen sie nichts aus eigener Kenntnis, und Ursula Ditzen wird später an Eides Statt erklären, das Testament sei im Sinne eines Entwurfs gewesen, der, am 1. Februar 1945 beim Notar in Neustrelitz niedergelegt, aber nicht mehr ausgeführt, den Überlebenden zum Erben bestimmt habe.

Gleich nach Ditzens Tod ist Ulla eine Zeitlang nicht parat. (Uli und Mücke Ditzen sind augenblicklich nach Carwitz zurückgefahren.) Sie erliegt wieder dem Morphium und bringt die erste Märzhälfte in der Heilanstalt Wittenau zu. Als das Haus Eisenmengerweg 19, über das die sowjetische Administration verfügt, geräumt werden muß, kann man sie gleichfalls nicht erreichen. Und so benachrichtigt der am 1. Juni bestellte Nachlaßpfleger Kurt Zwick am 14. des Monats auch den Rechtsanwalt Dr. Tovote, Berlin W 15, der die Interessen Anna Ditzens und der Kinder vertritt, daß etwa zweieinhalbtausend Bücher und einige Möbel nach Pankow in eine neue Wohnung, Kavalierstraße 4, überführt worden seien.

Warum ihr geschiedener Mann mit den Unterhaltszahlungen in Verzug geraten war, hatte Anna Ditzen im Juli 1946 von Ulla erfahren, und sie hatte ihr auf der Stelle gesagt und ihm ein paar Tage später in einem Brief angedroht, daß sie Mücke sofort zurückholen werde,

»wenn Ihr wieder M. nehmt«. Über Ulla, die ihr damals in Carwitz auch von Ditzens neuem Testament erzählt haben wird, weiß sie zur Genüge Bescheid, und sie kann abschätzen, was für Konflikte ihr ins Haus stehen. Als sie jetzt den Verlag aufsucht, rät ihr Erich Wendt – im März aus dem Moskauer Exil nach Berlin heimgekehrt, seit April Direktor des Hauses –, mit Ursula Ditzen direkt zu verhandeln; doch das ist ein Schritt, zu dem sie sich nicht durchringen kann.

Im Juni teilt das Amtsgericht Neustrelitz dem Amtsgericht Berlin-Pankow mit, daß Ditzens Letzter Wille vom Oktober 1944 durch Kriegswirren verlorengegangen sei. (Auf den Gedanken, in seinem Nachlaß zu suchen, scheint niemand gekommen zu sein; eine Kopie hätte sich angefunden.) Trotzdem vereinbaren die Anwälte Dr. Ronge und Dr. Tovote am 21. August, die »Erbengemeinschaften« vorerst gleichzustellen: Jede Partei wird monatlich fünfhundert Mark aus den anfallenden Tantiemen erhalten. Dieser Absprache kommt auch der Aufbau-Verlag nach, und er läßt zunächst alle Vertragsverhandlungen von beiden Seiten sanktionieren.

6

Während der sechzehn Monate ihrer Bekanntschaft hat Becher beharrlich auch für die Alltagsumstände der Ditzens gesorgt. Er hat den chaotischen Haushalt erlebt, und er hat Ulla näher kennengelernt. Er weiß, daß sie Morphinistin ist, und er weiß sehr gut, was Morphinismus bedeutet. Allem Anschein nach gibt er, nicht zuletzt in seiner Eigenschaft als Präsident des Kulturbundes zur demokratischen Erneuerung Deutschlands, den Anstoß, Falladas Archiv zunächst einmal sicherzustellen und vom Schutzverband Deutscher Autoren – dem Briefkopf zufolge: »in der Gewerkschaft für Kunst und Schrifttum / FDGB« – verwahren zu lassen.

Becher kennt Dr. Werner Schendell, Geschäftsführer

des im November 1945 gegründeten SDA, aus den Jahren der Weimarer Republik, und er einigt sich mit ihm ohne Mühe. Beide Organisationen residieren im selben Haus, Berlin W 15, Schlüterstraße 45, und der Verband deponiert den literarischen Nachlaß gesondert in einem »Fallada-Zimmer«. (Der Kulturbund, bald darauf im amerikanischen und britischen Sektor Berlins verboten, muß das Haus in Charlottenburg noch 1947 verlassen; zu dem im gleichen Jahr als Widerpart des SDA neu konstituierten Schutzverband Deutscher Schriftsteller wird Anfang der fünfziger Jahre auch Schendell überwechseln.)

Daß die Erbschaft zudem Urheberrechte umfaßt, hört Nachlaßpfleger Zwick von Rechtsanwalt Tovote, und er folgt dessen Rat und wendet sich an Schendell und Becher. Mitte Juli trifft er im Club in der Jägerstraße mit Schendell und – an Bechers Statt – mit Erich Wendt zusammen und wird auch über den Standort der Manuskripte informiert. Mit dem Aufbau-Verlag steht er von nun an in ständigem Kontakt und erhält Einsicht in Verträge und Abrechnungen.

Am meisten beschäftigt ihn das Nachlaßkonto, auf das Falladas Honorare überwiesen werden. Im Frühjahr 1948 moniert er zum Beispiel mehrere die Vereinbarung überschreitende Zahlungen an Ursula Ditzen, die sich mit dem Geld Morphium beschaffe. Vom 21. Juni an muß er die in den Berliner Westsektoren vollzogene Währungsreform ins Kalkül ziehen, und zu Beginn des Jahres 1949 verlangt er von Aufbau größere Summen, um die Forderungen der Finanzämter erfüllen zu können.

Wann verabredet worden war, daß der Verlag sich mit Falladas Hinterlassenschaft befassen sollte, ist nicht bekannt. Am 6. Dezember 1948 erinnert Dr. Schendell Erich Wendt »noch einmal« daran, jemanden zu bestimmen, »der den Fallada-Nachlaß nach Manuskripten durchsieht«. Wendt gibt das Schreiben an das Lektorat weiter mit der Frage, ob man damit nicht Paul Wiens beauftragen könne, und Wiens bestätigt am 26. Februar

1949 durch seine Unterschrift den Empfang von dreiundvierzig Mappen und Ordnern.

Sie werden aufgeführt auf einer Liste, die von Tipp-, Lese- und Sachfehlern nur so wimmelt. Man scheut formale Kategorien nicht – die Bezeichnung »Kurzgeschichten, blaue Mappe« taucht gleich viermal auf –, gibt jedoch nur wenige Informationen. Die Auswahl selbst ist höchst merkwürdig. Stammt sie vom Urheber der Aufstellung, der mit »Timm« (?) unterzeichnete? Von Wiens, der, 1922 geboren, 1933 mit seiner Mutter in die Schweiz emigriert, 1947 nach Berlin übergesiedelt und bis 1950 Lektor war? Wenn man »nach Manuskripten« forschen wollte, wozu brauchte man da Falladas Briefwechsel mit dem Aufbau-Verlag oder die Erinnerungen der Eltern Ditzen oder die Handschriften längst gedruckter Romane?

Aber handelt es sich überhaupt um eine Auslese? Möglicherweise hatte der Verlag ein Quantum übernommen, einen Bereich des »Fallada-Zimmers«, eine Hälfte des Ganzen, um sich erst danach um die andere zu kümmern? Oder hatte man vor, nach einem bestimmten Manuskript zu suchen? Nach einem, von dem man Kenntnis besaß? Ausschließen läßt sich auch diese Mutmaßung nicht.

Wendt hat vermutlich von der Existenz des »Trinker«-Manuskripts gewußt, denn Becher wird ihn, den neu ernannten Direktor des – ja vom Kulturbund gegründeten – Aufbau-Verlags, gerade auch über die Fallada-Hergänge informiert haben. Becher und seine Frau hatten die ungewöhnliche Entstehungsgeschichte des Romans gleich im November 1945 erfahren; Lilly Becher hatte sich interessiert gezeigt; Fallada hatte sich das Manuskript noch einmal angesehen und sie, die Chefin der »Neuen Berliner Illustrierten«, wissen lassen, daß es etwa zweihundertfünfzig Druckseiten ausmache, für einen Vorabdruck aber wohl doch nicht geeignet sei.

All diesen Fragestellungen, Vermutungen und Hypothesen wird voraussichtlich kaum noch jemand auf die

Spur kommen. Der Verlag hat nie mitgeteilt, wer auf das camouflierte Werk gestoßen, wer an der Entschlüsselung beteiligt war. Vielleicht hat man nach dem »Trinker« gefahndet, vielleicht hat man die Handschrift bei der Sichtung des Materials entdeckt – viel Zeit kann die Nachforschung, so oder so, nicht beansprucht haben.

Bereits am 22. Juni schreibt Erich Wendt an Zwick, daß der Verlag den Roman »Der Trinker« – »den wir im Nachlaß vorgefunden haben und dessen Manuskript wir in mühseliger Arbeit entziffern« – zu veröffentlichen gedenke. Doch die Verhandlungen mit den beiden »Erbengemeinschaften« ziehen sich in die Länge, und als der Vertrag am 24. September auf den Weg gebracht wird, steht bereits fest, daß die Erbin Ursula Ditzen heißt.

7

In diesen zweieinhalb Jahren, Februar 1947 bis September 1949, kann der Verlag die Witwe über ihre wechselnden Anschriften in Niederschönhausen und Pankow oft nicht erreichen. Sie bleibt süchtig; wenn sie kein Morphium aufzutreiben vermag, behilft sie sich mit hochprozentigem Alkohol. Im Dezember 1947 liegt sie in den Kuranstalten Westend; zu Anfang des Jahres 1948 erfährt Anwalt Tovote, daß sie »schon wieder in Wittenau« sei; während der ersten Monate 1949 läuft alle Post über ihren Rechtsanwalt, Dr. Harald Graser, Berlin W 50. Im Juli verläßt sie Pankow, bleibt jedoch im sowjetischen Sektor und zieht nach Berlin N 54, in die Lottumstraße 3; auch hier wohnt sie zur Untermiete. Im September händigt man ihr den Erbschein aus; sie ist Alleinerbin.

Recht und Gerechtigkeit sind zweierlei. Anna Ditzen muß ihre Ansprüche auf den Unterhalt und auf die Pflichtteile der Kinder nicht nur geltend machen, sondern auch ausfechten. Erst im November 1950 kommt es zu einem Vergleich, der ihr eine kleine »Unterhaltsrente« zuspricht, zu zahlen aus den beim Aufbau-Verlag anfallenden Tantiemen. Ulrich Ditzen, der seit 1948 im Westteil Berlins lebt und von Ulla einen Abschlag erhalten hat, erwirkt 1952 einen Arrestbefehl über seine Erbsumme, doch erst 1955, nach dem Verkauf der Rechte, gelingt es Anna Ditzen, eine generelle Abmachung über die Pflichtteile zu erzielen.

Zwischen 1949 und 1955 – das ist die Zeit, während derer Ursula Ditzen über die Rechte an Falladas Werk verfügt – bestreitet der Verlag von neuem den Löwenanteil an der Korrespondenz. Er unterrichtet die Erbin über alle Verhandlungen, schließt mit ihr Verträge, rechnet die Honorare ab und leitet Forderungen der Steuer und Pfändungsverfügungen der Finanzämter an sie weiter; per Brief antwortet sie sehr selten. Mit dem 4. November 1949 beginnt man, an Frau Ursula Tretzack zu adressieren, seit dem Februar 1950 an Frau Ursula Tretzack-Fallada. Mit diesem Doppelnamen schmückt sie auch ihren Briefkopf; notfalls kann sie sich dahinter verbergen.

Wann und wo Ulla Herbert Tretzack kennengelernt hat, ist nicht bezeugt. Sie heiraten im Oktober 1949; ihr Sohn Jürgen-Ullrich wird am 23. November 1950 geboren. Tretzack, ein »dunkler Ehrenmann«, zählt zu den dubiosen Existenzen der Nachkriegszeit und scheint ein versierter Schieber gewesen zu sein. Irgendein Geschäft treibt das frisch verheiratete Paar nach Mecklenburg und hält es bis zum Januar 1950 dort fest. Dann macht der Rostocker Notar Dr. Groffebert eine Schuld von fünfundzwanzigtausend Mark aktenkundig, und Ursula Tretzack sagt verbindlich zu, diese Summe – aus Falladas Honoraren! – an das Steuer- und an das Hauptzollamt Rostock zu zahlen. In der Folge verfügen die Eheleute offenbar über einiges Geld: Ulrich Ditzen, der Ulla gleich nach ihrer Rückkehr als Frau Tretzack wiedertrifft, erinnert sich, daß sie ein »großes Haus« geführt haben.

Im Februar nennt Ulla eine zeitweilige Anschrift in Berlin-Halensee, vom 15. September an hat sie eine ständige in Berlin-Schlachtensee. Doch für den Vergleich mit Anna Ditzen, der am 2. November 1950 vor dem Amtsgericht Berlin-Mitte verhandelt wird, geben beide Tretzacks die Lottumstraße als Adresse an. Auf den Gedanken, aus den Gegebenheiten der politisch und wirtschaftlich geteilten Stadt Nutzen zu ziehen – die Bundesrepublik Deutschland existiert seit dem Mai, die Deutsche Demokratische Republik seit Oktober 1949 – und dann in die Westsektoren und damit in das Gebiet der Deutschen Mark überzusiedeln, ist ohne Zweifel Tretzack gekommen, und der Eindruck, er schwinge das Zepter in diesem Ehebund, täuscht sicherlich nicht.

Im August 1951 ziehen Tretzacks nach Berlin-Nikolassee, zwei Jahre später nach Berlin-Grunewald. Daß sie relativ häufig von einem Stadtteil in einen anderen wechseln, wird darauf zurückzuführen sein, daß sie über ihre Verhältnisse leben und überall Schulden machen. Immer wieder müssen sie größere Summen auftreiben, um »Stoff« kaufen zu können. Sie sind ständig in finanziellen Nöten und unausgesetzt auf der Jagd nach Geld.

Anna Ditzen, die gelegentlich von Ulla hört, gibt ihrem Schwager, Rechtsanwalt Dr. Fritz Bechert, in einem Brief vom 7. September 1952 diese Momentaufnahme aus dem Tretzack-Leben: »… zwei ungedeckte Schecks bei zwei Banken präsentiert, zwei Wechsel geplatzt, die Kinder vom Jugendamt zu Bekannten bzw. in ein Heim gebracht …« Anderthalb Jahre später, am 16. Februar 1954, teilt sie ihm mit: »Es laufen zwei Betrugsverfahren gegen die Tretzacks, kurz vor einem Termin flüchten sie in eine Pension, wo sie sich nicht anmelden, oder in eine Anstalt zu einer Entziehungskur«, und sie fügt hinzu, daß Ulla, um überhaupt noch zu Geld zu kommen, sämtliche Fallada-Rechte für eine sofort zahlbare Summe verkaufen wolle.

Am 23. Juli 1954 wird Ursula Tretzack durch das Amtsgericht Berlin-Charlottenburg entmündigt und ist fortan in ihrer Geschäftsfähigkeit beschränkt. Die Urkunde über den Verkauf der Urheberrechte an Wilhelm

Hey trägt das Datum des 7. Juni 1955. Die Scheidung von Tretzack wird am 11. November 1956 rechtskräftig. Ulla stirbt 1958, am 24. November, siebenunddreißig Jahre alt, in der Muskauer Straße 23, Berlin-Kreuzberg. Den Sterbefall zeigt »aus eigenem Wissen« die Verkäuferin Maria Kindt an, eine mitleidige Seele. Die Kosten der Beisetzung auf dem Neuköllner St. Thomas Kirchhof trägt das Sozialamt.

8

Daß die Nachlaßpflegschaft aufgehoben worden sei, »nachdem Frau Ursula Ditzen-Fallada als Erbin festgestellt wurde«, bestätigt Kurt Zwick in einem an Erich Wendt gerichteten Brief vom 28. September 1949; künftig möge man mit ihr oder mit ihrem Anwalt verhandeln. Den schriftlichen Nachlaß an sie zu überantworten sind der Aufbau-Verlag und – Zwick wird Dr. Schendell gleichermaßen verständigt haben – der Schutzverband Deutscher Autoren nunmehr verpflichtet, und der Verlag kommt dem Gebot vom Herbst des Jahres an sukzessive nach.

Bisher stellt sich Falladas Archiv für Ulla in der Hauptsache als Unmaß an Papier dar. Von den Inhalten hat sie nur eine schwache Vorstellung. Mit der Inbesitznahme eilt es ihr nicht. Den ersten Schub läßt sie sich am 18. Oktober aushändigen. Er macht ein Drittel des Nachlaßteils aus, der im Aufbau-Verlag liegt; dafür vorgesehen hat man vermutlich bereits durchgesehene Stücke, und man benutzt für die Quittungsliste die pauschalen Kennzeichnungen aus der Aufstellung des SDA vom Februar.

Es sind fünfzehn Positionen: sechs Mappen mit Sammlungen ungenannter »Kurzgeschichten«, vier mit Verträgen, Briefen, Zeitungsausschnitten, Horoskopen und fünf, die bekannte Titel anzeigen. Einer von ihnen, »Ria, ein kleiner Roman«, muß als verschollen gelten:

ein Manuskript, das Franz Hessel 1923 gelesen und kritisiert hatte, das aber auch – so meine in der Studie »Zu Falladas Frühwerk« (1993) erläuterte Vermutung – in die spätere Erzählung »Länge der Leidenschaft« eingegangen sein könnte. Und das bedeutete, der Autor habe, wie in anderen Fällen auch, eine Mappe mit einer alten Aufschrift unbesehen für einen neuen Zweck verwendet.

Die zweite Übernahme ist sonderbar. Am 21. Februar 1950 erwartet man im Verlag, so ein vorbereiteter Beleg, daß »Frau Ursula Fallada« das Manuskript des Romans »Der ungeliebte Mann« abholen kommt, doch das handschriftliche Original und eine Abschrift werden quittiert von: »H. Tretzack«. Spielte er sich bloß als Herr im Haus auf? Oder steckte etwas dahinter? Wozu benötigte man gerade diesen Roman? Hatte jemand – Tretzacks sind seit kurzem aus Rostock zurück – danach gefragt, sich dafür interessiert? Beide Fassungen, beide Formen des Werks sind seither nicht wieder zum Vorschein gekommen.

Die dritte und letzte Übergabe erfolgt am 25. Oktober. Abermals wird Ursula Tretzack-Fallada als Empfänger vermerkt, und wiederum bestätigt H. Tretzack den Erhalt. Es sind vierunddreißig Einzelposten, insgesamt also ein paar mehr als in der Übersicht des SDA; doch es handelt sich um dieselben Materialien. Im Verlag hat man einige Titel aufgespürt, andere entschlüsselt oder näher bezeichnet. Es ist genauer gesichtet worden, doch nicht genau genug. So erscheint, um ein Beispiel zu nennen, die Position »Die Murkelei, Manuskript« nun als »Eine Geschichte von kleinen und großen Kindern. Orig. Ein Brief vom 27. Nov. 1934 einliegend«, tatsächlich aber enthält die Mappe, das stellt später Emma D. Hey fest, die Handschrift des Romans »Altes Herz geht auf die Reise«.

Dennoch haben diese Quittungslisten, so unvollständig und so unzulänglich sie auch sein mögen, eine gewisse Bedeutung erlangt: Sie ermöglichen es, in einem begrenzten Umfang festzustellen, welche Posten dieses

Nachlaßteils nach der Übernahme durch das Ehepaar Tretzack abhanden gekommen sind. Fallada hatte zwar Verzeichnisse der Bücher und Schallplatten angelegt, auf ein Inventar des Archivs aber verzichtet – er wußte aus dem Kopf, was in seinen Schränken lag.

Die Einbußen haben ungleichartiges Gewicht. Der eine Fallada-Adept wird das verlustig gegangene Unbekannte mehr vermissen, der andere das verschwundene Bekannte. Am wichtigsten Fund des Aufbau-Verlags, dem »Trinker«-Manuskript, 1950 dem Ehepaar Tretzack komplett ausgehändigt, fehlen sechs Seiten: Als Wilhelm Hey es mir 1956 lieh, konnte ich es ihm nur ab Seite 7 quittieren. Ein Bruchstück aus »Unterprima Tott«, im Verlag ermittelt als »Original und Schreibmaschinenabschrift von Seite 49 bis 81. Mit Korrespondenzunterlagen«, bestätigt jedenfalls, daß das Fragment umfangreicher war als die überlieferten neunzehn Typoskriptseiten, und mit ihm wären weitere Einblicke in das Vorhaben möglich gewesen.

Ob es sich bei »Treibjagd auf Fiddichow / Original und Abschrift bis Seite 44« um die Erzählung gehandelt hat, die Fallada dann dem Roman »Wir hatten mal ein Kind« einverleibte – dort umfaßt der analoge Text, Teil der Bullenberger-Handlung, knapp dreißig Seiten –, läßt sich nun nicht mehr ermitteln. Und das Konvolut »Zur Anklage gegen Kutisker und Genossen«, auf der SDA-Liste »Gerichtsakte«, vom Verlag »Ermittlungsergebnis« genannt, hätte fraglos zu neuen Aufschlüssen über den Kutisker-Roman verholfen.

Als Titel taucht »Liebesgeschichten mit Tieren« nur in der Aufstellung des Verlages auf, leider ohne Hinweise. In dieses Projekt, zwischen 1925 und 1929 Gegenstand des Briefwechsels mit dem Rowohlt Verlag, ordnete Fallada die Novelle »Die Kuh, der Schuh, dann du« ein. Vermutlich zählte er das Kapitel 21 des Romans »Der junge Goedeschal« ebenso dazu, Kais Crux mit seinem Kaninchen, 1921 in einer Anthologie des Gustav Kiepenheuer Verlags separat veröffentlicht, und dito eine erste Fassung der Geschichte »Blanka, eine geraubte Prinzessin«, die dann 1931 gedruckt und später in »Wir hatten mal ein Kind« eingebettet wird. Es kann aber auch sein, daß in dieser Mappe Unbekanntes enthalten war.

Außerdem sind – neben »Der ungeliebte Mann« – weitere fünf Handschriften verlorengegangen: die von »Süßmilch spricht«, »Damals bei uns daheim«, »Die Weizenballade«, »Fallada sucht einen Weg« und »Die Quangels«. Vieles spricht für die Annahme, Ulla habe zu Falladas Schreibarbeit naiv aufgeschaut (wie vorher zu Kurt Loschs Malerei), verwundert über die fremdartige Tätigkeit ihres Partners. Sein Metier wurde für sie offenbar in den Manuskripten gegenständlich – nicht in den Büchern; es gibt keinen Fingerzeig, daß sie gelesen hat –, und Gefühlsbewegungen mögen ihre impulsive Beziehung zu den Nachlaßpapieren vertieft haben.

Herbert Tretzack heiratete Ursula Ditzen erst, als außer Zweifel stand, daß sie geerbt hatte – man kann ihn getrost einen Erbschleicher nennen. Er sah in den Autorenrechten und im Nachlaß nichts weiter als eine Geldquelle. Der Verdacht, daß er, sei es vor Ullas Augen, sei es insgeheim, die Sammlerobjekte unter die Leute brachte, liegt nahe, und Ulrich Ditzen, der den Mann kannte und 1960 zum letzten Mal traf, zweifelt nicht daran, daß Tretzack die Stücke, die sich verkaufen ließen, auch verkauft hat.

Eines der Autographe ist inzwischen wieder aufgetaucht: Das Deutsche Literaturarchiv in Marbach entdeckte das Manuskript des Romans »Die Weizenballade« (Der Jungherr von Strammin) auf einer Auktion und konnte es ersteigern.

9

Dennoch kann man Ursula Tretzack nicht die ganze Schuld in die Schuhe schieben, ein gehöriger Teil muß Ditzen angekreidet werden. Er ließ sie bei der Überführung des Archivs allein, und er gab ihr kein Beispiel, wie man eine so komplexe Sammlung placiert, verwahrt und nutzt. Ebensowenig dachte er an das Nachher, an die spätere Existenz seines Werks: Er setzte in seinem zweiten, ohne notarielle Hilfe angefertigten Testament nicht – wie in dem von 1944 – einen Vollstrecker ein, und er verzichtete auf eine Sicherung wie dort durch die Klauseln, daß die Erbin über Werk und Nachlaß nur im Einvernehmen mit dem Experten verfügen dürfe und bei Differenzen Ernst Rowohlt das letzte Wort sprechen solle.

Gelegenheiten, das Dokument vom 1. Mai 1946 durch einen Juristen formulieren zu lassen, hätte Ditzen, jedenfalls zwischen Anfang Juli und Anfang Dezember, ohne weiteres finden können. Warum kümmerte er sich nicht darum? Warum ließ er die Verfügung, die er unter so fragwürdigen Bedingungen abgefaßt hatte, nicht ergänzen? Überschätzte er seine junge Frau so sehr? Er hätte absehen können und absehen müssen, daß Ulla ohne einen Sachkenner an ihrer Seite beim Umgang mit dem Nachlaß wie bei der Vergabe der Rechte allein schon aus Unwissenheit, aber auch durch Leichtsinn allerlei Malheur anrichten würde.

Auf den langen und verschlungenen Wegen war das Archiv manchem Risiko ausgesetzt. Lief der Transport von Carwitz nach Berlin wirklich ohne Schädigung ab? Konnten die junge Frau und der Fünfzehnjährige, Begleiter eines Lastwagens voller Papiere in einer an Papier knappen Zeit, ihre Augen überall haben? Und waren im Haus am Eisenmengerweg alle Insassen gegen die Versuchung gefeit, sich dieses Reservoirs zu bedienen? Niemand kann es sagen.

Ungefährdet waren die Manuskripte und Dokumente, solange sie im »Fallada-Zimmer« oder im Aufbau-Verlag lagen. Ulla hingegen kannte sich mit Unikaten nicht aus, und ihr anarchischer Lebensstil hatte zur Folge, daß dies oder das versehentlich abhanden kam. Zweimal wechselte sie die Wohnung mit Teilen des Archivs, weitere dreimal mit dem gesamten Nachlaß. Sie reiste wiederholt und lebte nebenher in Kliniken oder Pensionen, während an ihren Wohnsitzen die nötige Sicherung fehlte.

(Spuren fremder Eingriffe waren zum Beispiel an der Briefsammlung abzulesen. Anno 1963, als ich Emma D. Hey zum ersten Mal aufsuchte, um den nun in der Braunschweiger Wilhelm-Raabe-Straße verwahrten Nachlaß zu sichten, fand ich neben einer ganzen Reihe dicker Ordner mit Falladas sauber abgelegter Korrespondenz auch einige lose Bündel vor, sichtlich unvollständig und notdürftig an Schnüren aufgefädelt. In diesem Teil, nach den Namen der Partner von A bis Z sortiert, fehlten die Packen mehrerer Buchstaben ganz: Hier waren Vandalen am Werk gewesen.)

Es ist wahrscheinlich, daß Ulla ihres Erbes wegen von Zeit zu Zeit mit Tretzack in Streit geriet. Ehe sie sich entschloß, gegen ihn vorzugehen, vergingen fast fünf Jahre. Die Entmündigung war schon in die Wege geleitet, als sie, Mitte Juli 1954, seine Vollmacht stornierte. Er verließ sie, versuchte jedoch noch im Februar 1955, in ihrem Namen Verträge zu schließen, und im Frühjahr – das erzählte Ulla bald danach Wilhelm Hey – machte er sich nach Mannheim auf, um eine Gefängnisstrafe abzusitzen, und ließ einen Koffer voller Manuskripte und Akten mitgehen. Sein Talent, zur rechten Zeit unterzutauchen, zögerte auch die Scheidung hinaus: Erst im Oktober 1956 konnte man ihm das Urteil zustellen.

Im März 1957 gelang es dann Wilhelm Hey, den Flüchtigen aufzuspüren. Seine Fahndung nach der Beute verlief ergebnislos, aber in den Kopien der Briefe, die er, um Hilfe bittend, an verschiedene Behörden richtete, stoßen wir auf ein paar erwähnenswerte Daten: Tretzack war zu dieser Zeit Anfang Vierzig, geboren am 17. Juni 1914 im westfälischen Hamm, und die amtliche Berufsbezeichnung lautete »Hilfsarbeiter«.

In Ullas Händen wäre der Nachlaß wohl permanent bedroht gewesen. Vermutlich hätte Tretzack seinen Tatendrang darauf konzentriert, all das zu verscherbeln, was sich, schnell und ohne Gefahr, hätte zu Geld machen lassen. Frau Anna indes wird es als ein neues Unglück empfunden haben, daß Ulla durch Ditzens Testament berechtigt war, das Erbe an einen Fremden zu verkaufen. Sie, die Falladas Arbeit von »Bauern, Bonzen und Bomben« bis »Heute bei uns zu Haus« tätig begleitet hatte, wurde nach wie vor davon ausgeschlossen, Einfluß auf den Fortbestand des Werkes zu nehmen.

Wilhelm Hey, Geschäftsmann, aber fremd in diesem Fach, starb im Oktober 1957. Seine Frau, Emma D. Hey, trat die Nachfolge an. Sie arbeitete sich in die Materie ein und zahlte Lehrgeld, bis sie vertraut geworden war mit den schlechten Sitten oder den seriösen Usancen ihrer Vertragspartner. Bald gewöhnt an die Verbindung zu Verlagen, Redaktionen, Film- und Fernsehstudios, behütete sie die Hinterlassenschaft, die sie übernommen hatte, und sie nutzte das Copyright nach allen Regeln der Kunst. 1978 kaufte ihr die Akademie der Künste der DDR den Nachlaß ab, und Bernd F. Lunkewitz, seit dem Herbst 1991 Eigentümer des nun privatisierten Aufbau-Verlages, erwarb 1994 die Urheberrechte.

10

Am Anfang versucht Ursula Ditzen, in die Fußstapfen ihres verstorbenen Mannes zu treten. Wie zuvor er verkauft nun sie, durch den Erbschein legalisiert, seine Büchersammlung – die letzten zweieinhalbtausend Bände, die Nachlaßpfleger Zwick hatte sicherstellen lassen –, und sie unterschreibt, wie sie es Ditzen abgeschaut hatte, Verträge. Noch fühlt sie sich an den Aufbau-Verlag gebunden. Neben dem Kontrakt über die Erstausgabe des Romans »Der Trinker« schließt sie im Herbst 1949 einen über die Neuausgabe von »Wolf unter Wölfen« ab, und der Verlag veröffentlicht nach den zwischen 1946 und 1949 erschienenen acht Erst- und Nachauflagen bis 1955 weitere neunzehn. (Seit 1948 druckt Reclam, Leipzig, das Bändchen mit den Hoppelpoppel-Geschichten nach.)

Bald nehmen auch Verlage der Bundesrepublik Falladas Bücher zur Kenntnis. Ernst Rowohlt in Hamburg bringt 1950 mit dem Vermerk »Copyright by Aufbau-Verlag GmbH« den »Trinker« heraus, dazu als Taschenbuch »Kleiner Mann – was nun?« (rororo Nr. 1) und zwei Jahre später ebenfalls in der rororo-Reihe »Wer einmal aus dem Blechnapf frißt« sowie »Wolf unter Wölfen«. Kurt Desch in München legt 1950 »Bauern, Bonzen und Bomben« auf und Blüchert in Stuttgart 1954 die »Geschichten aus der Murkelei«. Ulla bekommt die Tantiemen in der Währung, die sie in Berlin W zum Leben braucht, und sie bemüht sich nun selbst – sicher von Tretzack bestärkt, sofern nicht er als erster ergründet haben sollte, wie sich eine solche Erbschaft vermarkten läßt –, weitere Verlagskontakte anzubahnen.

Inzwischen hat der Schutzverband Deutscher Autoren – Geschäftsführer ist noch immer Dr. Schendell, und man sitzt nach wie vor in Charlottenburg – den von ihm verwahrten Nachlaßteil gleichfalls an die Erbin übergeben. In diesem Bereich macht Falladas Ablage seiner Briefwechsel und der gesammelten Rezensionen das Hauptquantum aus. Manuskripte wie Typoskripte bereits gedruckter, unveröffentlichter oder Fragment gebliebener Werke aus verschiedenen Schreibperioden kommen hinzu, Materialzusammenstellungen und Dokumente, und es steht außer Zweifel, daß auch die kompletten Fassungen der zwischen 1941 und 1943 in Zeitschriften gekürzt erschienenen Prosaarbeiten vorgelegen haben und in die Hände der Erbin gelangt sind. (Ob neben den letztgenannten Abschriften von den hier übergebenen Papieren noch andere abhanden gekommen sind, konnte ich nicht feststellen.)

Ullas Interesse konzentriert sich auf diese Vorlagen für potentielle neue Buchausgaben und damit auf Texte, die sie nicht zu beurteilen vermag. Womöglich hatte Fallada sie irgendwann einmal generell über den Sachverhalt informiert; im einzelnen kennt sie seine Intentionen nicht. Vielleicht hatte er die diversen Bearbeitungen für seinen Gebrauch gekennzeichnet; sie kann die Fassungen nicht auseinanderhalten. So schickt sie im Juni 1952 dem Verlag Ullstein die Handschrift des Romans »Der Jungherr von Strammin«, und macht sich erst, als man um eine lesbare Form bittet, nach einer Abschrift auf die Suche, und es vergehen vier Monate, ehe sie eine entdeckt, die ihr zu passen scheint. Das Durcheinander, in dem sich der Nachlaß seit der Jahreswende 1945/1946 befindet, hat sich vermutlich zu einem Tohuwabohu ausgewachsen.

Der erste Partner, den Ursula Tretzack von sich aus findet, ist der Münchner Roman-Verlag Paul Schallweg. Ihm sendet sie am 21. Februar 1951 die Idylle »Zwei zarte Lämmchen, weiß wie Schnee« als Exemplar aus einer Leihbücherei mit der Bitte, man möge die Geschichte doch abschreiben, und mit der Information: Davon seien 1948 fünftausend Stück herausgekommen, und der Verlag habe inzwischen Konkurs gemacht. Sie weiß also gut Bescheid, und es ist zu vermuten, daß sie dieses Bändchen, gedruckt mit dem Plazet der französischen Militärregierung und vorgelegt vom Verlag Günter Richter, Berlin, auch lanciert hatte – und zwar unbefugt, denn zu dieser Zeit stand weder die Erbfolge fest noch konnte sie legitim in den Besitz eines Typoskripts gekommen sein. (Daß der Richter-Ausgabe eine Kopie von Falladas Abschrift zugrunde liegt, geht aus einem Vergleich mit dem Erstdruck in der Monatsschrift »Der Türmer« hervor: Dort hatte man beim Umbruch etliche Zeilen gestrichen und versehentlich eine Kapitelüberschrift.)

Der Verlag Paul Schallweg, eine Agentur, die »Zeitungs-Romane« vermittelt und einen »Feuilleton-Dienst« betreibt, verkauft die Erzählung mehrmals als Fortsetzungsroman. Am Ende kommt ein Abschluß mit dem Fackelträger-Verlag in Hannover zustande, in dessen »Faro-Bücherei« die »Acht Idyllen« 1953 als »Roman« erscheinen und der sich im Jahr darauf vollends als unseriös erweist: Er bringt »Der ungeliebte Mann« in einer nahezu um die Hälfte gekürzten Fassung auf den Markt. Doch das sollte man nicht der Erbin aufladen; sie ist nicht imstande, solchen dubiosen Praktiken einen Riegel vorzuschieben: Gerade windige Verleger merken schnell, daß sie sich weder in ihres Mannes Arbeit auskennt noch die Spielregeln der Branche beherrscht, und führen sich entsprechend auf.

Mit Schallweg macht Ursula Tretzack nur noch ein Geschäft: Sie überläßt ihm den Roman »Die Stunde, eh' du schlafen gehst« – im Juni 1941 für die »Berliner Illustrierte Zeitung« geschrieben, vom Herbst an in der »Münchner Illustrierten Presse« publiziert, des Copyrights wegen vom Rowohlt Verlag unter Vertrag genommen – und gibt das offensichtlich letzte Exemplar, Falladas Kopie, aus der Hand. Schallweg handelt im Oktober 1953 mit dem Wilhelm Goldmann Verlag in München eine Vereinbarung aus, und Goldmann legt den »Roman einer Liebe« 1954 in seiner Taschenbuchreihe auf. Den Hinweis auf die Druckvorlage schenkt man sich und erweckt durch die Formulierung »Mit Genehmigung des Münchner Roman-Verlages« den Anschein, man habe von einer autorisierten Edition Gebrauch machen können. Doch allein die Handschrift und der Zeitschriftendruck können als verbürgt gelten; ein authentischer Text ist, dank Ullas Leichtsinn im Umgang mit Falladas Papieren, nicht nachzuweisen.

Die folgenden Absprachen trifft sie selbst und spart die Provision. Am 12. November 1952 unterschreibt sie einen Kontrakt mit dem Verlag Ullstein in Berlin über »Der Jungherr von Strammin« und am 5. Dezember einen mit dem Südverlag in München über »Ein Mann will hinauf«. Da Ullstein nur die Nebenrechte nutzt, erreicht Wilhelm Hey 1956 eine Stornierung dieses Vertrages; acht Jahre später schließt Emma D. Hey einen neuen, und so erscheint der Roman erst 1965 und unter dem farblosen Titel »Junger Herr – ganz groß«. Als Jahr des Copyrights nennt Ullstein 1952 – Ursula Tretzack hatte in ihrem Vertrag eine Änderung des Titels gestattet –, zu einem Vermerk über den zugrunde liegenden Text kann man sich indes nicht aufschwingen.

(Ein Vergleich mit der von Barbara Thron aus der Handschrift übertragenen, 1996 im Aufbau Taschenbuch Verlag unter dem originalen Titel erschienenen Ausgabe läßt darauf schließen, daß Ullstein Falladas ursprünglichem Typoskript gefolgt war. Allerdings sind möglicherweise vorgenommene Änderungen und die Korrekturen des Autors nicht zweifelsfrei auseinanderzuhalten, und von einer weiteren Konfusion, die Ulla angerichtet hat, wird noch die Rede sein.)

Der Südverlag bringt »Ein Mann will hinauf« schon 1953 heraus (und im Jahr darauf eine Ausgabe von »Kleiner Mann – was nun?«) und vermerkt im Impressum das Copyright. Auch dieses Haus verzichtet darauf, Auskünfte über seine Vorlage zu geben – der Vertrag legt fest, daß sie im Verlag verbleibt –, doch das Manko erweist sich hier als Unterlassungssünde: Im Unterschied zu den drei anderen Titeln, die auf autorisierten Vorabdrucken beruhen, kommt dieser – für die »Berliner Illustrierte Zeitung« hatte Fallada den Roman auf ein Viertel des Umfangs komprimiert – dem Erstdruck eines nachgelassenen Werkes gleich.

Wie »Die Stunde«, wie »Der Jungherr« entstand »Ein Mann« auf der Basis eines Auftrags. Im Herbst 1941 suchte die Wien-Film GmbH eine Berliner Geschichte als Grundlage für ein Drehbuch, und Fallada schrieb sie in Gestalt eines »Wälzers«. Drei Fassungen muß die Erbin in Kopien vorgefunden haben: die ursprüngliche, eine Maschinenschrift von achthundertfünfzig Seiten, von Fallada Ende Februar 1942 an die Gesellschaft und an den Rowohlt Verlag gesandt; die im Oktober/November gefertigte neue »Filmfassung«, die er dem Verlag übermittelte mit der Kunde, er habe jetzt keine Kraft mehr, an der für den Druck bestimmten Version zu arbeiten; und die neue und endgültige »Buchfassung« vom

April 1943, die, auf sechshundertsechzig Schreibmaschinenseiten gestrafft, ihm den Stoßseufzer entlockte, nun sei er der Sache restlos überdrüssig.

Ulla suchte für den Südverlag das umfangreichere Typoskript heraus, also das falsche. Gewiß, welches die »Buchfassung« war, wußte sie nicht, und auf den Gedanken, sich zu informieren, konnte sie wohl nicht kommen. Ihrer Fahrlässigkeit ist es jedoch zuzuschreiben, daß weder weitere Kopien überliefert sind noch die Handschrift, daß einzig und allein die Publikation des Südverlages existiert. Vor allem mit dieser der vier von ihr ausgelösten neuen Buchausgaben erwies sie Fallada einen Bärendienst.

11

Wie Fallada diese Arbeiten beurteilte, kann man seiner Korrespondenz mit dem Rowohlt Verlag entnehmen. Die Lämmchen-Idylle habe er zu seinem »Privatvergnügen« geschrieben, doch jetzt, das ließ er im April 1941 Heinrich Maria Ledig-Rowohlt wissen, scheine ihm »der kleine Scherz völlig mißlungen«. An eine Buchausgabe denke er »natürlich nicht«, und in einem Brief an Ernst Rowohlt, den von den Nazis verdrängten Seniorchef, bezeichnete er die Geschichte von den »zwei Lämmchen, die mehr Schafe sind« als »rosarot und himmelblau«. Im Sommer schickte er ein überarbeitetes Exemplar an die Redaktion des »Türmer«, die ihn gerade nach einem Beitrag gefragt hatte, und mit dem Abdruck war für ihn die Sache abgetan.

Daß er im Gespräch mit Erik Reger und Paul Wiegler den Auftrag des Deutschen Verlages angenommen habe, für dessen Wochenschrift einen Roman zu schreiben, erfuhr man im Rowohlt Verlag im September 1940. Noch nie, meldete Fallada dann im Sommer 1941 seinem Lektor Alfred Günther, habe er »mit soviel Ächzen und Zähneknirschen« gearbeitet – Milieu und Umfang waren für »Die Stunde, eh' du schlafen gehst« vorgegeben –, doch er habe »den Herren dort« zeigen wollen, daß er auch einen Roman für einen derart speziellen Leserkreis meistern würde.

Von Reger bekam er zu seiner Überraschung einen Korb, und er gab das Typoskript dem Blatt in München. Eine Überarbeitung, das teilte er Günther mit, würde nicht lohnen, es wäre ohnehin keine Lektüre für die »Fallada-Gemeinde«. Als er im Herbst 1943 seinem Verlag die noch ungedruckten Bücher vorhielt, führte er auch »Die Stunde« an, doch 1945, in einem Brief vom 26. November, in dem er dem neu ins Leben gerufenen Hause Rowohlt die unveröffentlichten Arbeiten aufzählte, kam der Fortsetzungsroman, den er gleich in Fortsetzungen geschrieben hatte, nicht mehr zur Sprache. Er hielt an der Auffassung fest, die er Ernst Rowohlt privatim gleich 1941 anvertraut hatte: »Kein Buch, das mir am Herzen liegt.«

Zu Beginn schrieb Fallada »mit Vergnügen« an seinem neuen Roman, der am Ende den Titel »Ein Mann will hinauf« bekam, und er schätzte das Projekt, Oktober 1941, recht hoch ein: »In der Art des ›Eisernen Gustav‹« stehend, würde es »alles Zeug zu einem Volksbuch« haben. Sein Überschwang verflog jedoch schnell: Anfang Januar 1942 gestand er Ernst Rowohlt ein: »Es fließt nicht mehr so wie früher, das meiste ist jetzt schon Routine«, und Tage später bekannte er, daß ihm plötzlich der Stoff ausgegangen sei. Gleich nach Abschluß der Arbeit gab er zu, daß ihm das »Zweite Buch«, also fast die Hälfte des Ganzen, mißglückt sei, und seine Hoffnung, daß »wenigstens der Film« es brauchen könne, erfüllte sich nicht: Die Gesellschaft wünschte vor allem eine Änderung dieses Teils.

Erst nachdem ihm die Niederschrift des »Jungherrn« aus einer depressiven Phase herausgeholfen hatte, brachte Fallada die zweite Buchfassung zustande. Ledig konnte am 5. August 1943 indes nur antworten, daß er eben sie für den Herbst zum Druck vorgesehen, Papier aber nicht in Aussicht habe, und mußte schließlich Mitte Oktober die Hiobspost von der Schließung des Verlages übermitteln. In jenem Schreiben vom November 1945 gehört »Ein Mann will hinauf« zu den Werken, die Fallada veröffentlicht sehen wollte. Daß er je auf den von ihm verworfenen Text zurückgegriffen hätte, den dann der Südverlag druckte, kann man ausschließen, und man kann mit Sicherheit annehmen, daß er nach dem Ende der Nazizeit auch die überarbeitete Form nicht zur Veröffentlichung gegeben hätte, ohne sie noch einmal und wohl doch sehr gründlich durchzusehen.

Falladas Meinung über den Roman »Der Jungherr von Strammin« stand von Anfang an fest. Als er am 26. März 1943 die Typoskripte auf den Weg brachte, eins an seinen Auftraggeber, den Scherl-Verlag und dessen Blatt »Die Woche«, eins an seinen Verlag, schrieb er an Ledig: »Es ist ein Manuskript, das ich ohne alles schlechte Gewissen absende – wenn es auch nur ein Unterhaltungsroman ist –, und das sage ich nur selten.« Bereits am 3. April befanden Ledig und Günther: »Dieses Buch hat Zauber«, und am 6. des Monats dankte Fallada in einem Brief an Scherl für die Anregungen eines Herrn von der »Woche«.

Mitte April, beim Abschluß des Vertrages, wünschte die Redaktion – es herrschte extremer Papiermangel – eine Kürzung um hundert Seiten. Fallada strich sie und lieferte wenig später eine neue Abschrift, dreihundertsechzehn Seiten à dreißig Zeilen, mit der Bemerkung, diese Fassung sollte auch Rowohlt bringen. Mitte Mai sandte er sie dann an Ledig ab, und Ledig kündigte in dem schon zitierten Brief vom 5. August die Publikation für das Frühjahr 1944 an.

Wiederum wählte Ulla das dickere Typoskript aus – die Buchausgaben von Ullstein und Aufbau umfassen, wenn man sie auf das von Fallada gewählte Maß umrechnet, je vierhundert Maschinenseiten – und erwischte abermals das falsche. Daß sie sich für die umfangreicheren Konvolute entschied, lag für sie wohl nahe; was sie mit den anderen Kopien angestellt haben mag, wird vermutlich im dunkeln bleiben. Und da sich nicht überprüfen läßt, ob der Text der »Woche« mit der letzten Fassung des Autors übereinstimmt, erweist sich die Edition nach der Handschrift als die beste Lösung.

Im November 1945, in dem erwähnten Brief an Ernst Rowohlt, bezeichnete Fallada seine unveröffentlichten Arbeiten – neben »Ein Mann will hinauf« und »Der Jungherr von Strammin« nannte er nun auch den Roman »Der Trinker« – als druckfertig. Diese Auskunft sollte man allerdings nicht wörtlich nehmen; ihr widerspricht schon seine Arbeitsweise, deren Spielregeln sich in einer jahrelang geübten Praxis herausgebildet hatten. Die Niederschrift per Hand brachte Fallada in höchster Konzentration und in unwahrscheinlich kurzer Frist zustande. Er redigierte sie, während er den Text in die Maschine diktierte oder eigenhändig abtippte. Dann bearbeitete er das Typoskript, sandte es seinem Partner, wartete auf dessen Meinung und berücksichtigte zu guter Letzt die Wünsche, von denen er glaubte, daß er sie erfüllen müßte.

Insofern stand keiner der drei Romane zum Druck bereit. Auch die »Buchfassungen« der beiden erstgenannten, die wir nicht kennen, hätte Fallada noch einmal korrigiert – Ledig hatte sie seinerzeit nur bestätigt, ein Gespräch war nicht mehr möglich gewesen. »Der Trinker« lag allein in der Handschrift vor und dazu in einer, die besonders schwer zu entschlüsseln war. Fallada hätte, wie gewohnt, während des Diktats verbessert, die Abschrift revidiert, Ratschläge angehört. Auch das gewichtigste der nachgelassenen Werke, der Roman des Trinkers, über dessen Entzifferung und Einrichtung der Aufbau-Verlag zuerst 1950/1953 in Max Schroeders Nachwort informierte (und 1987 im Kommentar zu Band Sieben der zehnbändigen Werkauswahl), mußte in einer Form erscheinen, die nicht vom Autor hatte imprimiert werden können.

Jede postume Veröffentlichung hat ihre Tücken. Es

gibt, zum Beispiel, keinen Beleg dafür, ob und – falls ja – in welcher Gestalt Fallada die Geschichte »Fridolin, der freche Dachs« zum Druck gegeben hätte. »Allein für die Mücke« Anfang Dezember 1944 in der Strelitzer Anstalt zu Papier gebracht und dann in Carwitz auf der Maschine abgeschrieben, hatte er die Handschrift in sein Archiv genommen und der elfjährigen Tochter, ein Versprechen einlösend, das Typoskript im Kleid eines Buches zu Weihnachten geschenkt. (Ulla und auch Heys verzichteten auf das Urheberrecht an diesem Präsent.) Daß er die ursprüngliche Fassung als Vorlage für ein Kinderbuch verworfen hätte, kann man getrost unterstellen. Ob er die Bearbeitung, die Ulrich Ditzen, federführend für die Familie, zuerst 1954 bei Heinrich Scheffler in Frankfurt am Main verlegen ließ, in toto gebilligt hätte, ist so sicher nicht – vielleicht wäre auch sie ihm zu »privat« gewesen: In seinen Büchern ist zwar ab und zu von Fallada und den Seinen die Rede, nirgendwo sonst jedoch von den Ditzens.

Die Ausgabe von Scheffler, von kundiger Hand behutsam revidiert, häufig nachgedruckt und fast immer illustriert als ein Buch vornehmlich für Kinder, machte eine Herausgabe der authentischen Version nicht überflüssig: Sie ist ein autobiographisch bestimmtes Dokument, und sie bietet einen Schnappschuß aus dem Ditzenschen Familienleben dar, wie es keinen zweiten gibt. Sie bekam mithin, fast vierzig Jahre nach des Autors Tod, einen Platz in der 1985 erschienenen, 1986 nochmals aufgelegten kompletten Sammlung der »Märchen und Geschichten«.

Dieser Band Neun der Aufbau-Ausgabe wartet übrigens mit einem weiteren Kuriosum auf: einem Erstdruck nach einer Handschrift, die es im Nachlaß gar nicht gab, der Erzählung »Länge der Leidenschaft«. Sie hatte unter den »amtlich eingepackten Sachen des Rendanten Ditzen« auf dem Gut des Grafen Hahn in Neuhaus / Holstein gesteckt, die seinerzeit, 1925, an den Schwager und Rechtsanwalt Fritz Bechert gelangt waren. Kleidung und dergleichen hatte Ditzen sich nach der Entlassung schikken lassen. Die Papiere indes, darunter Korrespondenz aus den Jahren 1912 bis 1925, waren in den Händen der Becherts geblieben, zuletzt des Neffen Horst. Fallada hat sie – so merkwürdig das auch klingen mag – nie zurückgefordert.

12

Während Wilhelm und Emma D. Hey Falladas Nachlaß verwalteten, konnten Fachleute ihn ohne große Umstände nutzen. Die Papiere waren akkurat verwahrt. Wer sie genau erkunden wollte, mußte sie systematisch durchsehen: Stück für Stück, Mappe um Mappe. Sich in eine Handschrift einzulesen, ein Original zu erschließen, in den Briefen Zusätze und Randnotizen auszumachen, in Belegen aus alten Zeitschriften zu stöbern – das kam fast einer Begegnung gleich. Es war faszinierend, sich einem verstorbenen Autor, dessen gedrucktes Werk man kannte, auf diese Weise zu nähern.

Die Akademie der Künste der DDR, eine Institution, die über die Vermächtnisse vieler Schriftsteller und Künstler verfügte, erwarb Falladas schriftliche Hinterlassenschaft, so wie Wilhelm Hey sie 1955 von Ursula Tretzack gekauft hatte. Mit der Maßgabe einer Erschließung nach den in der Akademie geltenden Regeln lieh man sie 1981 an das Literaturzentrum Neubrandenburg aus, und das Zentrum, eine Einrichtung des gleichnamigen Bezirks, eröffnete 1985 in Feldberg ein Hans-Fallada-Archiv: Eichholz 3, ein schön gelegenes Landhaus, umgebaut für das Archivgut und ausgestattet für die dort temporär arbeitenden Experten. Während der ersten Jahre oblag die Betreuung Maria Ruttmar; Archivarin seit 1984 ist Sabine Lange.

Dann mußte das Fallada-Erbe einer Route folgen, die abermals von Umwegen und Abstechern bestimmt war. 1989 wurde es an die Akademie retourniert und in den speziell für die verschiedenen Sammlungen errichteten

Neubau am Berliner Robert-Koch-Platz eingegliedert. 1993 löste man die Akademie der Künste der DDR auf und gründete eine Stiftung Archiv der Akademie der Künste. Zur gleichen Zeit erhob das Land Mecklenburg-Vorpommern Anspruch auf den Besitz des Fallada-Nachlasses, dem letztendlich stattgegeben wurde: 1995 schaffte man die originalen Unterlagen nach Feldberg zurück – in das alte Domizil, in dem die hauseigene Kollektion ohnehin verblieben war. Einige Stücke des Nachlasses gab die Stiftung jedoch nicht aus der Hand. Wie so viele Geschehnisse und Umstände in Falladas Leben haben auch post mortem manche Vorfälle den Zuschnitt, den der Autor an einem Stoff schätzte: nicht so ganz zu durchschauen, unabweisbar und spannungsgeladen.

Vom Eichholz sind es über Wittenhagen und Hullerbusch sieben, acht Kilometer bis zum Haus in Carwitz und zur Urnenstätte am Schmalen Luzin. Alles liegt nun nah beieinander. In seinem Archiv bleibt der Autor Subjekt; an musealen Stätten kann er zum bloßen Schauobjekt geraten. Allein schon die Vorstellung, auf dem Präsentierteller dargeboten zu werden, war für Fallada zeit seines Lebens der pure Horror – die Kustoden wissen das und werden es sicherlich bedenken.

Ditzen, in Greifswald geboren und viele Jahre Gutsbeamter in Vor- und Hinterpommern, wehrte sich dagegen, als Pommer etikettiert zu werden. In Carwitz hat er etwa zehn Jahre gern gelebt; ein Carwitzer ist er nicht geworden. Er wollte kein Feldberger sein und kein Mecklenburger – er spöttelte, vom Conower Werder aus gehe er ein paar Schritte und schon sei er in Preußen. Er trat als Norddeutscher auf, fühlte sich »eigentlich nur in Norddeutschland wohl« und hob gar hervor, er »schreibe ja sehr norddeutsch«. 1934, in einem Brief aus Carwitz, heißt es: »Ich sitze hier so fest im Norddeutschen, daß ich keine andere Umwelt zum Produzieren mir denken kann.« Ob man diesen Satz als eine Art Leitspruch in die Fallada-Häuser hängt?

Bestimmende Aufschlüsse über Hans Fallada habe ich von Anna Ditzen erhalten; zwischen dem Frühjahr 1958 und dem Winter 1970 hat sie, anfangs in Carwitz, später in Feldberg, viel Zeit und Mühe auf unsere Gespräche verwandt. Von Ulrich Ditzen erfuhr ich vor allem Einzelheiten über die Jahre in Niederschönhausen.

Besonderen Dank schulde ich – und hier ist der Platz, es zu wiederholen – Emma D. Hey und ihrer Familie. Ohne ihre vielfache freundliche Unterstützung namentlich während der sechziger Jahre wäre es mir nicht möglich gewesen, den Nachlaß komplett durchzuarbeiten.

Seit das Feldberger Archiv besteht, war mir Sabine Lange wiederholt behilflich.

Sehr verbunden bin ich dem Aufbau-Verlag. Man gab mir Einsicht in die Briefwechsel des Hauses, die zwischen 1947 und 1956 in Sachen Fallada geführt worden waren, und in die Unterlagen der von Ursula Tretzack zwischen 1951 und 1954 getätigten Abschlüsse.

Details aus der Biographie Kurt Loschs und eine Kopie der Sterbeurkunde für Ursula Tretzack verdanke ich Joachim Artz, einem Mitglied der Losch-Familie.

Berlin, im Dezember 1996 Günter Caspar

Inhalt

Hans Fallada

Eine Biographie

in Bildern und Briefen

Herausgegeben von Gunnar Müller-Waldeck und Roland Ulrich unter Mitarbeit von Uli Ditzen
Mit 217 Fotos, 271 Seiten, Gebunden

»Was die Biographen bislang eher vermuten mußten, die traumatische Verstrickung der Literatur mit der eigenen Biographie, wird hier erstmals ausführlich belegt. Großzügig hat Sohn Uli Ditzen private Alben geöffnet, Briefe und Papiere zur Verfügung gestellt, die bislang nicht einmal im Feldberger Fallada-Archiv zu sehen waren. Die seltenen Fotodokumente werden kommentiert von erzählenden Briefen. Wie im Rückspiegel erkennt der Leser den Hintergrund des epischen Werkes. Ein ansprechend gestalteter Band.«

Frankfurter Allgemeine Zeitung

Hans Fallada
Frühe Prosa

Herausgegeben von Günter Caspar
2 Bände, 1086 Seiten, Leinen
beide Bände auch einzeln lieferbar

»Unter den Schriftstellern, die das deutsche Leben realistisch schildern, steht Hans Fallada ganz oben.«

Hermann Hesse

Die frühe Prosa von Hans Fallada ist bis zum heutigen Tag so gut wie unbekannt geblieben. Die beiden Romane, in kleinen Auflagen Anfang der zwanziger Jahre gedruckt, sind kaum noch auffindbar. Die Erzählungen erscheinen erstmals rund sieben Jahrzehnte nach ihrer Entstehung: aus dem Nachlaß und nach dem Manuskript mitgeteilt. Die kenntnisreiche Studie des Herausgebers erzählt die Umstände, unter denen der Autor in jenen Jahren lebte und schildert die Hintergründe seiner literarischen Existenz.

Aufbau-Verlag

Hans Fallada

Gute Krüseliner Wiese rechts und 55 andere Geschichten

Mit einer Studie von Günter Caspar
663 Seiten, Gebunden

Unterhaltsam und fesselnd wie seine großen Romane sind auch Falladas Geschichten für Erwachsene und Kinder. Die schönsten und phantasievollsten Erzählungen, entstanden zwischen 1925 und 1936 und in den beiden letzten Lebensjahren Falladas, sind in dieser bisher umfangreichsten Auswahl enthalten – so auch die Märchen aus »Hoppelpoppel – wo bist Du?« und die »Geschichten aus der Murkelei«. Eine informationsreiche Studie Günter Caspars widmet sich den Entstehungsbedingungen dieser Erzählungen.

Hans Fallada

Wizzel Kien – Der Narr von Schalkemaren

Roman
Mit einem Nachwort von Günter Caspar
134 Seiten, Gebunden

»Meisterwurf eines Verwandlungskünstlers«
Ulf Heise

Ein bisher unveröffentlichter Roman aus Falladas Nachlaß: die skurrilen Erinnerungen eines in die Jahre gekommenen Schalksnarren an seine Lehrjahre, seine dubiosen Abenteuer und durchtriebenen Späße, mit denen er manchen guten Patrizier das Fürchten lehrte. Ein ungewöhnlicher Stoff, aber, wie bei Fallada gewohnt, virtuos und fesselnd erzählt.

Aufbau-Verlag

Hans Fallada

Christkind verkehrt

Weihnachtsgeschichten

Zusammengestellt von Günter Caspar
139 Seiten

Familiäre Anekdoten über das (nicht nur) für Fallada wichtigste Fest des Jahres: Der Autor läßt den Leser teilhaben an den Christfestritualen und Julfestsitten seiner Familie, verschweigt nicht die Affäre um den »Gestohlenen Weihnachtsbaum«, macht bekannt mit dem ›heidnischen‹ Brauch des »Kleinen Weihnachtens«, den er in den zwanziger Jahren auf der Insel Rügen kennenlernte und lüftet das Geheimnis um das »Wunder des Tollatsch«-Essens …
Diese Auswahl von Günter Caspar zeigt den Romancier von einer besonders einfühlsamen Seite.

AtV

Aufbau Taschenbuch Verlag

Hans Fallada

Jeder stirbt für sich allein

Roman
627 Seiten

Anna Quangel ist enttäuscht: Nach dem Tod ihres Sohnes in Hitlers Krieg hat sie an Kampf gedacht, sogar an ein Attentat. Und nun: Botschaften auf Karten schreiben, sie niederlegen in fremden Häusern und, wie unbeteiligt, eilig davongehen. Doch ihr Mann überzeugt sie von der Wirkung ihrer aufrührerischen Texte und so träumen sich die stillen Quangels in einen grandiosen Erfolg hinein. Sie ahnen nicht, daß sich die Wirkung ihres Tuns auf Fähnchen beschränkt, mit denen der Kommissar die Fundorte auf dem Stadtplan markiert.
Fallada erfuhr vom Schicksal dieses Berliner Arbeiterehepaars 1945 aus Akten der Gestapo; den Roman schrieb er im Herbst 1946.